見えない戦争で沈黙の兵器に敗戦する
日本の絶体絶命！

大惨事
世界大変

石濱哲信 著
日本安全対策推進機構代表

ヒカルランド

はじめに

先の大戦後、米国と覇権を争っていたソビエト社会主義共和国連邦（旧ソ連）が１９８８年－１９９１年にかけて突然崩壊しました。

それまで海上自衛隊に奉職し、対潜哨戒機の機長として主にソ連の原子力潜水艦を追いかけていた私は、これで、日本の安全保障上の最大の危機は無くなり、比較的平和な時代を迎えていくと考えていました。しかし、その後の世界は紛争に継ぐ紛争・戦争の連続で、少しも安穏と過ごすことができなくなりました。それどころか、時を同じくして１９９０年の湾岸戦争から始まる中東やアラブを中心に多くの地域紛争が発生していきました。２００１年には、９・11事件が発生し、イスラム世界と米英を中心にした西欧社会との紛争が先鋭化し、今日も更に深刻さを増して継続しています。

この間、中華人民共和国（中国）は、改革開放を掲げて急速に経済力をつけ、1989年の天安門事件後もその勢力は衰えず、ついにはGDPで世界第二位となっていきます。これに伴い軍事力を増強させるとともにその力を背景に、チベット、東トルキスタン（ウイグル）ばかりでなく、一帯一路政策を掲げて世界にその影響力を及ぼそうとしています。その中での1994年李鵬首相による「日本人は消滅（する）」発言。更にこれを裏付けるような中国による日本侵略現象の数々が日を追うごとに増え、目に余るようになりました。また、中国の金融では、1997年の香港返還により、香港上海銀行が人民銀行傘下となり、それまでほとんど国際的信用が無い人民元が存在感を表してきました。

そうした漠然とした不安感の中にあった約30年を振り返ってみました。すると、金融では2008年のリーマンショックによる世界不況から始まり、2016年のドイツ銀行の実質的破綻が露見しました。EUの中央銀行（ECB）に大きな影響力を持つドイツ銀行が人民元に乗っ取られた状況でした。そして、同年10月から、人民元がSDR（Special Drawing Rights：国際通貨基金（I

MF）加盟国が持つ「特別引き出し権」）を取得しています。これにより、通貨としての信用が低かった人民元が、中国共産党独裁国による通貨管理の不透明な通貨がその発行権の行使によって、世界の金融を歪めて行く事が強く懸念されました。

一方、国際政治では「アラブの春」を始め、「カラー革命」と称する米英が仕掛ける地域紛争や国際紛争、そして国家破壊による資源強奪の構図が観えてきました。

このような国際情勢の中で、我が日本国を振り返って観たところ、〝日本が消滅させられる〟という身震いするような我が国の現状が観えてきたのです。それは、先の大戦後、米英によって進められてきた『日本人抹殺計画』です。これは極めて邪悪で、緻密に計画され、しかも政治家のほとんどが反日在日人となり、彼らを支援する反日団体（統一教会、ＫＣＩＡ、創価学会その他）の影響下にある政治は立法機関である国会は元より、司法、行政の三権をも恣意的に運用しています。更にすべての官僚を彼らが直接支配（日米合同会議）

し、経済界（経団連、経同友会）、テレビや新聞等の報道機関、教育、産業（農林水産業はじめすべての産業）等々、既に日本の全ての利権を奪って、日本人の財産を使い、一部日本人の手によって「日本人殲滅」を実行させられているのです。

この現状を認識し、2024年は皇紀2684年を迎えて、長く美しい歴史と文化を育んで来た日本と日本人が、世界から「消えてなくなる。」という史上最大の国難を迎える中、一人でも多くの日本人が生き残っていけるように、声を挙げ、危機を知らせ、自ら行動していただこうとの思いで、微力ながら「生き残るための勉強会」の開催を決意し、ご縁をいただいたところの全国各地で開催してきました。

そのような中で、昨年、出版社「ヒカルランド」の石井健資社長が、この「勉強会」に目をとめてくださって「本を出版しませんか」と私にお声をかけてくださいました。本の出版などとは、元より考えても見なかった私は、当然お断りさせていただきました。しかし、石井社長はじめ、周囲の方々からの推薦もあり、「これで一人でも多くの日本人にこの国難を知っていただければ、多くの賢い人たちにも気づいて頂く機会も増えるのではないか」という考えに至り、自らの浅学菲才を顧みず出版することに挑戦させていただきました。しかし、私が勉強会で講演したり、質疑応答したりした会話内容は、その場に応じて変化し、その範囲も広がっていきました。

それを基に文章にしようとしましたが、私の力では、とても読者が気持ちよく読み進められる物にはなりません。かなり悪戦苦闘しましたが、とても出版物として纏まりそうになく、出版を諦めてしまうしかない状況でした。それでも石井社長はじめ、ご協力いただきました多くの方々の大変なご協力の下、この度の出版に至ることができました。この場を借りまして皆様には心より感謝申し上げますとともに、厚く御礼申し上げ上げます。

本書を手に取られた方々が、この日本の歴史始まって以来の国難の状況を知る手がかりとなり、一人でも多くの日本人が生き残る為の行動を起こされるきっかけとなれば、この上ない喜びとなります。

ありがとうございます。

令和六年五月二十五日

石濱哲信　拝

目次

第二章 世界大変の中身は、なんと日本人皆殺し⁉

第三章　世界中に広がる火種の中で日本人がやるべきこと！

第四章

ハマスvsイスラエルはイランを巻き込んだ世界戦争へ

第五章 聖書とコーランの文化に慈悲心なし！

第六章　今、日本は滅びかけています！

第七章 最終戦争のひき金に指がかかった！

第八章 消えてなくなる運命の日本をいかに転回させるか!?

カバーデザイン　重原　隆
本文仮名書体　文麗仮名（キャップス）

第一章

世界大変はこうして始まった！

生き残るための勉強会が今こそ必要だ！

こんにちは。一般社団法人日本安全対策推進機構の代表をしております石濱です。

日本人が全滅させられる。しかも、世界中が大変な状態に入っている。「大変」というのは本来の日本語ですが、天と地がひっくり返るようなことを言います。まさに今、私たちが歴史上も経験したことのないようなことが起きています。しかし多くの日本人がこれに気づいていません。そこで、一日も早く多くの人に気づいていただき、生き残っていただくために行動を起こそうということで、４年前（２０１９年）にこの機構を立ち上げました。

当初は、私などより遥かにすばらしい知識、経験を持った国防にかかわる方々や学者、政治家の方たちが立ち上がって来られるものと考えていましたが、未だに誰も声を上げて来ません。多くの識者や政治家は、目前の小さい事件だけにとらわれて、それぞれの出来事に踊らされており、全体の危機的状態に気付いていません。

私は元海上自衛隊で対潜哨戒機《たいせんしょうかいき》の機長をしていたこともありまして、日本の現状に強い危機感を持ち、これを一人でも多くの人に気付いていただくために「生き延びるための勉強会」という講演を始めさせていただきました。

今の世界は大惨事・世界大変のただ中にある！

日本大変の始めは、実は今から約１５０年前の明治維新からです。明治維新から既に日本は英米から侵食されています。それまで、英米を始めとする西洋諸国はアジア地域を次々と植民地にして来ました。しかし、日本まで来てその動きは一旦止まりました。

西洋諸国から見ると、当時の日本は、ほかの東南アジアの国々と変わらず、貧しく文化の遅れた国に見えたと思われます。しかし、フランシスコ・ザビエルが鹿児島に来てキリスト教を広めようとしたときに、農家の8歳の女の子から質問されて、詰まってしまったという逸話があります。

死後の世界の天国と地獄の話で、ザビエルが「天国で、おじいちゃん、おばあちゃんに会えますよ」と言うと、その子は「さらにその前の先祖はどうなんですか」と言うわけです。しかも、おじいちゃん、おばあちゃんたちは、初めからおじいちゃん、おばあちゃんだったわけではありません。若いときもあった。どのようなご先祖様に会えるのか、そのご先祖様は救われるのかといった質問です。

ザビエルが答えに詰まり「そういう人を神様は助けない」と言ったものですから、「それではご先祖様があまりにもかわいそうだ」ということになり、彼らの論理が潰されたのです。ザビエルは、このやりとりを教皇に送っています。

大惨事・世界大変（2024．5．25）

場面	0	1	2	3	4	5	6	7
時期	20c	2001～	2014～	2019～	2021～	近未来		
主な事件・全て仕掛けられている	1971 世界経済フォーラム ダボス会議 クラウス・シュワブ 1989 天安門事件 1990 湾岸戦争 1994 李鵬発言 1997 香港返還 HSBC	2001 9．11事件 香港ドルと人民元・世界で大規模資金洗浄 2002 中国SARS 2003～ カラー革命 2008 リーマンショック 中国人、ウイグル人を集団暴行 2010年	2014 露軍ウクライナ侵攻 香港雨傘革命 2015 ドイツ銀行実質破綻 2016 人民元SDR 2017年 中国国家情報法	2019～ 米国 国防権限法 日防隊創設 2020 武漢ウィルス 危険ワクチン 人民解放軍 台湾上陸作戦実力阻止 米・英 自衛隊最大規模演習	2021 人民解放軍 台湾上陸演習 ワクチン強制 自衛隊最大演習 2022 ロシア軍ウクライナ侵攻 日本参戦 2023 中東から世界大戦へ、イスラエルガザ殲滅作戦 2024 エスカレート（核使用の危機） 新種の生物兵器 台湾侵攻間近	人口激減 世界各地での小規模衝突（戦争） 完全人口管理社会 日本人が生き残り 以和為貴	静かな世界と希望ある日本人社会	人類の悲惨な絶望感・日本人は模範を示せ

そこで、ザビエル一行は、日本を支配するなら、日本人が今興味を持っている科学技術、兵器で籠絡《ろうらく》しようと考えたようです。

ところが、この作戦も結局は失敗します。

また、これも有名な話ですが、西暦1543年、ポルトガルの船が種子島沖で遭難します。その時、彼らは種子島の殿様に救ってもらったのです。そのお礼に、鉄砲を殿様に見せました。殿様は「これはすばらしい。是非譲って欲しい」と言われた彼らは、命を助けてもらい、難破船も修理してもらったにもかかわらず、その鉄砲を殿様に高く売りつけて帰っていきました。この時の鉄砲2丁は、現在の価格でせいぜい30

万円か50万円ぐらいのものでしょう。ところが彼らは2億円から3億円で売りつけたのです。そして彼らは「これは儲かる」ということで、大急ぎで帰国して、鉄砲を売りに日本に戻って来ようとします。ところが30年後に日本に帰ってきたときには、日本は既に鉄砲を製造し、世界一の鉄砲大国になっていました。ここが日本人の凄いところです。また、日本の文化は、ただ古いだけではなくて、非常にレベルが高いのです。

日本にあった精神性の強さは、今どこへ⁉

また日本の強さの一つは、その教育制度と精神文化です。これは今の歴史教科書に詳しく書かれていないのですが、少し考えてみれば容易にわかります。万葉集や平家物語など、日本には古くから優れた文芸作品があり、貴族や武士ばかりでなく商人、町人、農家や漁師までも、多くの学び舎《や》で読み書きを修学しています。江戸時代には既に国学があり、水戸学が完成していました。江戸時代の日本ではいかなる小藩であっても、藩内には寺子屋という教育機関があり、農家の子もそこで、人として生きていく為の人間学を学んでいました。

学びの基本には論語、陽明学、老子、大学などの四書五経があります。

この論語の第1章第1節は「学而時習之、不亦説乎（学んで時にこれを習う。また説《よろこ》ばしからずや）」です。この「学」「習」が皇族や旧貴族が学ぶ「学習院」として命名されています。この文化が一番大切な国家の財産だと私は思うのです。

「蔵の財よりも体の財、体の財よりも心の財第一なり」という言葉があります。

私たち日本人は心の奥にある魂を大切にして生きています。

日本は、論語や儒教、朱子学、陽明学の精神を取り入れ「やまと心」とも言われる武士道精神が培《つちか》われました。佐賀藩から拡がった「葉隠」も出てきます。

このような世界最高レベルの意識を持った民族が、私たち大和民族であると考えていいのではないでしょうか。

ところが現在では、これらの教育が忘れられてしまいました。

その原因は、先の大戦後、戦勝国の米国による戦略的な日本人愚民化計画である「ウォー・ギルト・インフォメーション・プログラム」という洗脳教育の長期に亘《わた》る徹底した強制実施によるものです。これにより、それまで培われてきた日本の文化、人生観に基づく人間としての真の強さが失われようとしています。

そこで、防人《さきもり》としての経験を持つ私が、国の危機的情勢を、一日も早く多くの日本国民に知っていただきたい、伝えなければいけないと考えました。

それは、現在世界や日本国内で起きている様々な出来事が、（金融）支配者により策定された世界的な戦略によって引き起こされていること。これにより私たち日本人の財産が奪われ、日本人が殲滅《せんめつ》（皆殺し）される対象になっているということを多くの日本人に知っていただきたいのです。

日本の近代は、皆さんご存じのように、鎖国をしていた日本が、英米を始めとする西欧諸国によって開国を迫られ、西暦1868（慶応4）年、いわゆる明治維新によって、世界との外交を始めることになりました。これにより國體《こくたい》の在り方にも大きな変化がもたらされました。その代表例の一つが軍隊です。それまでの日本は、戦うのは武士の仕事でした。しかし諸外国と向き合うためには武士だけでは国を守れないので、国民全体で戦えるようにしたのです。特に薩摩藩主島津斉彬公から信頼を受けていた西郷隆盛は、西洋の情報を藩主から入手し、単なる知識だけでなく、彼らに対抗するための技術も養っていました。例を挙げれば、薩摩の磯庭園には反射炉の跡があります。そしてアームストロング砲という新技術による高性能な大砲をつくる準備もしています。また国家の軍隊という新しい考え方に基づく軍事教練も行っています。

実は、これらの情報や技術は佐賀藩の鍋島家からもたらされていました。それは日本が西洋諸国との窓口としていた長崎出島のすぐ隣に位置する鍋島家が、密かに海外の情報を集めて、技術開発も行っていたのです。しかも島津家と鍋島家は正室が姉妹関係にあったこともあり、薩摩藩は佐賀藩を通して、これらの情報や技術を収集していたのです。

現在の東京のお台場は、黒船を打ち払うために置いた砲台の跡なのです。このお台場には、それまでの日本の大筒ではなくて、佐賀藩のアームストロング砲が据えられました。江戸幕府は鉄製の軍艦もつくりました。これらの技術は全て鍋島藩によるものです。このような事実は、戦後の私たちには全く教えられていません。

明治維新後、長い間鎖国していた日本が、なぜこれほどまで強かったのか⁉

明治維新後、わずか30～40年で世界一の強い軍隊をつくってしまった日本。当時アジア一の強国であった清国は、西欧各国でさえ迂闊《うかつ》に軍事力で対抗できないほど強いと思われていました。しかし開国して間もない日本が、その清国との戦争（1894〜1895年）で鮮やかな勝利を手にしました。

更にその10年後の日露戦争においては、「絶対に破れない」と言われた要塞を備えた世界最強のロシア陸軍を半年で撃破して降参させ、次にロシアのバルチック艦隊を、約5時間でほぼ全滅させてしまいました。これは世界の戦争の歴史上、誰も想像しえない大戦果でした。

また、第一次世界大戦後の1919年1月からのパリ講和会議においても、現代の多くの日本人が知らない出来事があります。それはこの重要な国際会議に、初めて有色人種の日本が戦勝国の五大国として参加していました。他は皆、白人国です。この時、国際連盟という新しい枠組みで、世界を組織的に支配下に入れようという企みがありました。

会議の席で日本は「国際連盟が平和のための組織というのであれば、有色人種を差別するのは止めよう」と発言したのです。それまで世界に多くの植民地を有していた西欧列強にとっては、まさに青天の霹靂《へきれき》であり、到底《とうてい》受け入れることのできない提案です。

この時の日本国の軍隊は極めて精強でした。英、米、仏、伊の4カ国は、この日本の意見を無礙《むげ》にすることができません。このため、講和会議は議論の応酬となり、延びに延びて、4月までかかりました。

この講和会議の議長はアメリカのウッドロウ・ウィルソン大統領です。彼はロスチャイルドによる世界支配戦略の使命を帯びて来ていました。

双方一歩も譲らない義論のあげく、議長（ウィルソン大統領）は「それでは民主的に多数決で決めよう」と提案します。そこで採決を行ったところ、議長の予想に反して『日本案11対英米案5』で日本の意見に賛同する表決が圧倒的に多い結果になりました。このまま議決されたのでは、彼らの国際戦略は全て潰れてしまいます。

この結果に驚いた議長のウィルソン大統領は、この議決をすることなく一旦米国に帰り、ロスチャイルドと戦略を練り直し、英国とも打ち合わせた後、会議に戻りました。そこで人種差別撤廃の採決結果を「全員一致でないので、この表決結果は無効」「議長権限で『当初の国際連盟案』を議決する」と宣言し

ます。これが国際連盟の始まりです。【先ごろ行われた日本の「ＬＧＢＴ法案議決」とそっくりです】

この時「人種差別をやめろ」と言ったのは、宮内大臣を務め、外務大臣も務めた牧野伸顕《まきののぶあき》です。彼は大久保利通の次男坊で、牧野公爵家に養子となって、牧野姓になりました。

牧野は「会議の場で採決の結果を採用しないということであれば、この『有色人種に対する差別をやめろ』という条項を入れることについて、採決結果は『賛成11、反対5』だったが、議長権限で否決されたことを記録に留めておけ」と言いました。これにより、この出来事が公式に記録されているわけです。これは、当時の日本人が、「相手がいかに強国の英米欧州の先進列強国であろうと、一切の忖度なしに自ら信じる正論を通す。更に、多数決の結果を不当に覆された事実を記録させる」という正に『大和ごころの武士道精神』を体現していた実例です。

このようなことがあって、米国は国際連盟設立時には加盟しておりません。

この1919年のパリ講和会議を通して、英米を中心にした西欧各国は『日本にやられた。日本をどうしても潰さなければならない』と密かに決意したものと思われます。その後の彼らは、26年間かけて1945年に日本を無条件降伏させたのです。表向きは無条件降伏とはなっていませんが、無条件降伏です。

新渡戸稲造『武士道』が日本の強さの秘密を公開した！

その当時、世界で最も話題になっていたのは「なぜ日本がこのように強いんだ」ということです。わずか数十年前まで、200年以上に亘り鎖国していた島国日本が、当時世界各地を植民地化してきた白人列強を凌駕する。これはどういうことなんだということです。世界はその秘密を探ろうとしました。

その秘密を公開していたのが、新渡戸稲造による『武士道』です。

彼は欧米に憧れていました。彼は「欧米は科学技術が進んでいるので、すばらしい精神文化もある」と考えたのでしょう。英語が堪能だった彼は『武士道』という日本人の精神文化を紹介する本を英文で上梓（1899年）していました。

新渡戸稲造の奥様は非常に教養の高い米国人で、すばらしいクリスチャンです。この奥様の助けもあって、新渡戸稲造は、武士道に見られる日本人の「微妙な精神風景」を英語で表現できたものと考えています。

この本の内容を少しだけご紹介しましょう。

現在の東京周辺は武蔵国といいました。その地を治める役人を管領《かんれい》といい、幕府から与えられた役職でした。

この武蔵国に江戸城を造った太田道灌《どうかん》は関東管領の補佐役（重臣）でした。小さいころから才智に溢れた道灌は、戦《いくさ》をしても強く、書にも優れた文武両道の有能な武士でした。

当時の武家の遊びの一つは狩りです。ある日、道灌は軍事訓練を兼ねて狩りに出かけたところ、雨が降り始め、やがて本降りになりました。生憎《あいにく》この時、彼は雨よけの蓑《みの》を持っていませんでした。そこで道灌は家来に「あそこに見える家に行き、蓑を借りてこい」と命じます。家来が行ってみると、そこは貧しい農家でした。対応に出て来た若い女性に、家来が蓑を借りたいと申し出たところ、彼女はいったん家内に引き込むと、やがて悲しそうな表情を湛《たた》えながら、蓑を貸せないことを告げつつ、蓑の代わりに、黄色い花を付けた山吹《ヤマブキ》の一枝をその家来に差し出したのです。道灌の家来は不審に思いながらも、その山吹の枝を持ち帰り、経緯《いきさつ》を述べて、山吹の枝を道灌に差し出しました。立派な狩衣《かりぎぬ》を着て、多くの勢子《せこ》を従えた道灌は、その地域で一番の権力者です。そのような武士の頭《かしら》に逆らうようなことがあれば、その場で斬って捨てられても不思議ではないのです。そのようなことを農家の娘が知らないはずがありません。怪訝《けげん》に思いながらも、道灌は蓑を手に入れることは諦《あきら》めて城に帰りました。不審に思いながら城に帰った道灌は、側近にこの話をしたところ、側近の一人が「その娘は後拾遺和歌集の『七重八重　花は咲けども山吹の　実の一つだになきぞ悲しき』という和歌をもって、花が咲いても実をつけない山吹の『実の一つだに……』の『実の』を『蓑』に掛けて『我が家は貧しくて、お殿様にお貸しできる蓑一つさえもないのです』ということを、無礼のないように丁寧にお詫びしつつ、お伝えしたものでしょう」と応えたのでした。そこで道灌は、改めて農家の娘の教養の高さと奥ゆかしさに感心すると共に、自らの未熟さを愧《は》じて、更に和歌にも精進したのでした。

このように、日本では、身分の低い農家の娘でも貴族のような教養を持ち合わせ、また貴族のような高級武士でも奢《おご》ることなく、その教養を持った農家の娘に恥《は》じ入る自らの心を大切にして、相互にその存在を認め合う文化、すなわち大和心《やまとごころ》、を持ち合わせている。

新渡戸稲造はこの故事を『武士道』で紹介したのです。

この『武士道』を読んだ欧米各国の指導者たちは、この日本人の精神文化レベルの高さに一様に驚きました。これを読んだ米国第26代大統領セオドア・ルーズベルトは『武士道』を何十冊も購入し、家族や親戚に配ったと言われています。

この『武士道』は間もなく世界各国でベストセラーとなります。そして国際連盟設立の際（1920年）に、著者の新渡戸稲造は、有色人種にもかかわらず国際連盟初代事務局次長の一人になりました。

しかし、教育者の彼は、西欧各国の「油断すれば相手を殲滅することも厭《いと》わない」という外交姿勢並びに国民文化の野蛮さ、倫理観のなさを嘆きつつ人生を終えることになります。

香港上海銀行の拠点は、フリーメーソン最大のロッジがあるフィリピン！

清朝と英国の二次に亘る阿片戦争の後、1898年から香港は99年間英国に租借されていましたが1997年に中華人民共和国に返還されました。清朝時代の英米を始め欧州資本主義各国の銀行屋は、中国を大きな市場だと見ていました。

私事で恐縮ですが、私は小さいころに、中国大陸で活躍する日本人馬賊を謳《うた》った「馬賊の歌」を聞くことがありました。その中に「狭い日本にゃ〜住み飽《あ》いた　支那にゃ〜四億の民が待つ」という一節があります。清朝末期の日本の人口は7000万人ぐらいでしたけれども、当時の支那の人口は約4億人いました。欧米人は「これは商売になる」ということで、特に英国は、アヘンを清国に売りつけて儲けていました。

その儲けた銭《ぜに》を集め英国に送るためにできたのがロンドンに本店を置く香港上海銀行（HSBC）です。そのHSBCのアジアの拠点は、フリーメーソンが最大の拠点を置いたフィリピンのマニラです。フィリピンは1565年以来スペインの植民地でしたが、南北戦争が終わった米国が1865年にフィリピンに侵入し、スペインを追い出した米国が1898年以来、植民地にしていました。今でもマニラには世界一のフリーメーソンのロッジがあります。

清王朝に麻薬と武器を売りつけ、人身売買をして得た銭を本国（英国）に送るための銀行がＨＳＢＣです。また大量の金塊《きんかい》も盗んでいきました。アヘン戦争に勝利した英国が、清国から割譲《かつじょう》させ、99年間の租借契約によって事実上の英国領になった香港の中央銀行がＨＳＢＣ香港本店です。この銀行は「香港ドル」という香港での通貨発行権を持っていました。このＨＳＢＣが１９９７年に、租借契約期間が満了して、現在の中国共産党に返還されたということです。

中国共産党は、中華人民共和国と名乗っていますが、西洋・欧米と全く思想が同じです。自らの権力の及ぶところは全て自分の国とします。初めから国境などという概念はないのです。相手の軍事力が弱いと見ると、無遠慮《ぶえんりょ》に攻めていって、奪ったところが全て自分の国土です。

中国共産党は「党」と言っても、裏には人民解放軍という暴力組織がついている強盗集団です。香港が返還されたことにより、香港ドルを発行するＨＳＢＣが手に入った。そこで彼らは考えます。「しめしめ、通貨香港ドルの発行をしていたＨＳＢＣ香港がいま、我々共産党の手の内にある」「香港通貨を自在に印刷できる」と。中華人民共和国の通貨「人民元」を発行できる中央銀行は「中国人民銀行」といいます。そこでは人民元を秘密裏に発行（印刷）することもできました。幾らでも人民元を発行することができる。このようなものは本来、国際通貨としては通用しません。しかし香港ドルには国際的信用があります。世界基軸通貨である米ドルと人民元を交換したいと思う人はいませんが、香港ドルであれば米ドルとの交換に応じる人はいます。すると香港ドルと人民元を交換できれば、香港ドルを米ドルに換えることができる。

すなわち、無尽蔵に近い資金洗浄（マネーロンダリング）が可能になります。

ブレトン・ウッズ体制は、日本を降伏させたからできた!?

時代はちょっと前後しますが、この1919年のパリ講和会議において、国際連盟設立を企んでいた英米中心の白人国は「日本にやられた。日本をどうしても潰さなければいけない」ということで、ＡＢＣＤ（アメリカ、ブリテン・イギリス、チャイナ、ダッチ・オランダ）包囲網と言われる経済制裁や軍縮会議で軍事力を縮小させる等、日本に対して様々な圧力をかけ続け、日本を自発戦争に追い込みました。その結果、日本人にとっては、史上初めての敗戦を味わうことになりました。１９４５年8月15日、玉音放送により、昭和天皇の終戦の詔書《しょうしょ》が放送されました。日本の戦争が終わり、英米欧州等の連合軍が、日本に無条件降伏させたのでした。表向きは無条件降伏とはなっていませんが、無条件降伏です。

英米にとっては、強い日本軍が消え去り、彼らの世界支配戦略に邪魔になる存在が消えたのです。この時初めて、米国中央銀行と言われるＦＲＢ（連邦準備制度理事会）が発行する米ドルが、世界基軸通貨であることを決めたのです。これをブレトン・ウッズ体制といいます。これで、世界の国際貿易による国際決済は、全て米ドルでないとできない。世界中が国際間の商売をするたびに米ドルが必要になりました。この米ドルの価値を支えるものは、歴史的に絶対的な価値を持っている金塊でした。金塊の所有が発行通貨の価値の裏付けでした。米ドルは金塊と交換できる兌換紙幣《だかんしへい》でした。ただし金塊がなくても、国際間の通商が激しくなれば、みんな米ドルを買いに来ます。そこでFRBは米ドルを刷れば良い。こんな簡単な詐欺師のテクニックはありません。もし、強い日本軍がいれば、このような詐欺的行為はできていなかったと思います。

兌換紙幣の米ドルがなぜペトロダラー（オイルダラー）になったのか⁉

先の大戦後、米国が世界の超大国として君臨していきます。その米国の重要な外交政策を担っていたのが現実主義のヘンリー・キッシンジャーというユダヤ人です。

彼は「食糧を支配するものが民衆を支配し、エネルギーを支配するものが大陸を支配し、通貨を支配するものが世界を支配する」と語っています。

その通貨、米ドルについて、近年の動きを考えてみます。

1971年にクラウス・シュワブが世界経済フォーラムを立ち上げ、ダボス会議を開きました。これはキッシンジャーの戦略で創られました。

このころはベトナム戦争が終盤を迎え、米国の勝利が見えず、キッシンジャーが極秘裏に、戦争相手国のベトナム共産党指導者「レ・ドゥク・ト」と極秘で会談していた時です。

米国政府はベトナム戦争の出費が嵩《かさ》んで、財務省の予算が立たなくなっています。米国政府は議会で追加の戦費予算が通過しないので、南ベトナムで秘密裏に（勝手に）ドルを刷ることにしたのです。米ドル札は特殊なつくりになっています。

丈夫につくるために米ドル用紙に羊毛を入れているのです。インクも特別です。

ドル札をお持ちの方はおわかりだと思いますが、全体に緑色っぽく見えるので、ドル札のことをグリーンノートと言います。ドル札は印刷タイプの型番や使用するインクも全部決められています。その印刷機を死の商人と言われる銀行屋、戦争屋たちが秘密裏に南ベトナムに持っていって印刷しました。軍用装備品や消耗品補充、燃料調達費、傀儡政権（南ベトナム）の兵隊の給料、食料の調達、弾薬、武器等の支払い等に充《あ》てていました。ベトナムはフランス領でしたから、多くの必需品はフランスから購入することが多いので、ベトナム戦争中期には、フランスに支払われた米ドルがフランス国内に大量に流れ込みました。当時はまだ仏の英雄シャルル・ド・ゴール元フランス大統領が存命でした。彼は「こんなに米ドル札があるのはおかしい。勝手に刷っているのではないか？　この兌換紙幣は金と交換できるのか？」と米国に迫ったのです。

問い詰められれば、米国は「兌換できる」と言わざるを得ない。そこで、フランスは、国内に流入したドル札を軍艦に積んでアメリカに持ち込み、金塊と取り換えました。当然米国では金塊が少なくなり、国際基軸通貨として信用不安になります。そこで銀行屋は張りぼての金塊をつくりました。主にラージバーという12・5キロバーをつくったのです。

しかし「このままでは堪《たま》らん」ということで考え出されたのが、ペトロダラーです。

1973年、当時世界一の原油輸出国であったサウジアラビアが、アメリカの申し入れでリヤド合意という秘密契約がなされました。

それは「石油の代金は全てドル支払いにする」というものです。その代わり「サウジアラビアの安全は永久に米国が保障してやる」という秘密契約を結んだのです。サウジアラビアというのは、サイード家のアラビアという意味で、代々サイードという王様が国を治めていました。しかし、当時のアラブ世界には常に有力部族が割拠していました。いつ他の勢力から地位が脅かされるかわからない。王家の地位を確固たるものにするために、世界一強い軍隊と言われる米軍に守ってもらう。その代わりに、オイルは全てアメリカのドルで決済せよということです。これで米ドルはそれまでの金塊に替わり「原油」がその価値の裏付けとなりました。

これをペトロダラーといいます。

これにより、米国はさらにドル札を大量に印刷することに成功したのです。

このような戦略の下に、世界を植民地化する計画としてつくられたのが、ワールド・エコノミー・フォーラム（ＷＥＦ）です。

債務の罠！　ＩＭＦとは高利貸しのこと!!

中国共産党は、香港を返してもらったときにこう考えました。当時、人民元を世界通貨のドルに換えてくれるところはほとんどなかった。金で米ドルは買えますが、人民元では米ドルを買えない。

当時ブレトン・ウッズ体制にＩＭＦという機構がありました。これは簡単に言うと高利貸しです。

中国の「債務の罠」は皆さんもよくご存じだと思います。発展途上国に援助に行って、払い切れないような借金をさせておいて、援助の中身は全部、自分が抜いてしまう。相手国が借金を返せないなら、担保に入れている土地や資源をくださいね、ということをする。

最近の有名な事例は、スリランカのハンバントタ港です。このスリランカの南端にある新しく開発された国際港湾地区も、この手口で中国に完全に盗られてしまいました。スリランカは現在、大変な借金国になって、国の財政が破綻し、中国の罠に自らかかった大統領は、国民から怒りの抗議を受けています。このような高利貸しと似たことをＩＭＦが行っています。

高利貸しに貸そうにも、アメリカには財務省がある。そこにおカネを入れるといっても、無制限に入れられるわけではない。イギリスのポンドとユーロと日本円は、足りなくなると、その代わりとしてスペシャル・ドローイング・ライト（ＳＤＲ）という特別引き出しが認められていましたが、２０１６年、そこに人民元を入れました。

香港で大量マネーロンダリングが起きた理由

この後、香港では大量のマネーロンダリングが起こります。これは、簡単に言うと、人民元１０００兆円分を香港上海銀行に渡すから、香港上海銀行は、香港ドルで５００兆円返してくださいということです。

「エッ、半分でいいのか⁉」となりますね。ところが、人民元は国外ですぐ使えるわけではない。中国の国内では使えます。

その際の手数料１００兆円分は人民元で払うということにしたのです。そうすると、５００兆円分の香港ドルができます。香港ドルならいろいろに換えられます。だから、日本円、ユーロ、それから米ドルに換えていった。

濡れ手に粟よりひどい。「盗まれたおカネ」が中国人の手元に入っている。だけど、中国人にだけやらせているのはもったいないということで、ディープステートと言われる銀行屋は裏でそれに乗った。

そうこうしているうちに、リーマン・ショックが起こりました。これは仕掛けられたのです。仕掛けた方のゴールドマン・サックスは高笑いをしていますが、他の銀行屋は食われている。その穴埋めが全然終わらないうちに、２０１6年の10月を迎えます。

世界大変の始まりは「ドイツ銀行の破綻」

ヨーロッパ中央銀行の後ろ支えのドイツ銀行が破綻します。ドイツ銀行はそれまで、平均株価が1株80～100ユーロでした。ところが、2015年には株価がたったの6ユーロです。ほとんど破綻状態です。

銀行は自己資本比率が8％以下になってはいけないのです。ドイツ銀行が破綻したら世界大恐慌です。EUが潰れてしまうということで、これを隠していた。

このときのドイツ銀行は、一帯一路という中国共産党の策略にかかっていて、一緒にマネーロンダリングもしていたのです。この一帯一路の終着場所がエストニアです。エストニアという国は、元ソ連圏でした。現在、エストニア国民は現金を一切使っておりません。全てデジタル通貨です。

そのときのドイツ銀行の個人筆頭株主が、なんと王健という、中国共産党、習近平国家主席の兄貴分である、王岐山のフロントです。

ドイツ銀行が破綻状態になったのが明らかになると、2016年10月、IMFはSDRに人民元を認めさせました。

私は、これで銀行屋の思惑通り、世界大変が始まった、今度ばかりは収拾がつかないと思いました。しかし、昔から彼らの世界戦略における目の上のたんこぶとなるのが、日本人。この優秀な民族がどうしても邪魔なのです。

想い出すのは、1994年、当時の中国の李鵬首相が、オーストラリアのハワード首相に対して「今の日本人は、あと20年もすれば、地球上から皆消えていなくなる」と言っています。つまり、殲滅すると言っているのです。ところが、この事実をマスコミが報道しないこともあって、これを友人・知人（日本人）に伝えても、所謂《いわゆる》「陰謀論」で片づけて、真剣にとらえる人はいません。でも、よく調べてみてください。これは本気です。彼らの文化の背景が理解できないと、私たち日本人には、全く彼らの行動原理は理解できません。

今日は、今世界で起こっていることを、少しでも理解していただこうと思い、彼らの文化の背景をえぐり出したいと思っています。そして、この国難、世界大変をくぐり抜けて一人でも多くの日本人が生き残り、新しい人間社会構築の基礎をつくらなければ、世界中が闇になってしまう。そういう思いで、私は生き残るための勉強会を始めたわけです。

第二章

世界大変の中身は、なんと日本人皆殺し⁉

9・11はヤラセ、フセイン排除のための仕掛け！

２００1年には9・11が発生します。これは所謂ヤラセです。この仕掛けの目標の一つが、第四次中東戦争の後、湾岸諸国で安定していたイラクのサダム・フセイン大統領を排除（抹殺）するためです。

なぜそうしたのか？

それはフセイン大統領が米ドルの縛りから逃げようとして、自国オイルの決済通貨を米ドルからユーロに変更したからなのです。

ＦＲＢが発行する米ドルは、原油取引に使われることによって価値を保っていました。米ドルそのものには価値がなくても、原油取引に必要であれば、世界中から「ドルを売ってくれ」と言ってきます。つまりＦＲＢが印刷する米ドルは、このことだけで価値が付き、刷っただけで莫大な価値が生まれるわけです。

これに気づいたのが中国です。人民元で同じことをしようとしました。つまり、国際決済を、できるだけ人民元で行おうというわけです。ただし、中国の場合はそのやり方が多少荒っぽかったので「債務の罠」という言葉を生みました。手品の技術が上手いか下手かという話ですね。

竹中平蔵は半島系の人、中国に日本を売り渡そうとしている!?

２０２０年に、人民解放軍は日本を乗っ取ることを計画していました。そのために日本で何が行われたか？

それは維新の党が推進していた「大阪都構想と道州制」です。

中国が日本を支配して、愛知県から西の沖縄までを全部、中華人民共和国東海省として、その省都を大阪にすると決めていました。この構想に基づく中国人民解放軍の統一戦線工作部が作成した地図が、情報漏洩して、関係者の知るところとなりました。

この日本侵略を実行しようとしたのが、竹中平蔵こと李平蔵氏です。

竹中平蔵氏は和歌山では「イ（李）さん」と名乗っていたということですから、在日半島系の人ということです。

李を「イ」と読むのは朝鮮系、「リ」と読むのは中国系です。今の国連の韓国の大使は李（イ）さんです。

先の大戦後、彼らは、自由に名前を変えて良いことになっています。竹中平蔵氏も、東京に出てくるときに、竹中を名乗ったようです。

竹中氏は、ゴールドマン・サックス系のディープステートからの依頼だと私は見ております。彼らは「日本人を殲滅する前に、日本人の持っているお金を奪おう」と考えていた。その一つが、国の郵政事業で、郵政民営化の掛け声の中で、多額の現金を預かっていた貯金業務を切り離し、ゆうちょ銀行として独立させました。郵政事業の最大の利益が生まれる貯金業務を失った郵便事業は非常に苦しい経営を強いられることになりました。

郵便事業は、ハガキ1枚を都内宛てに出すのも、東京都の青ヶ島村という絶海の離島宛てに出すのも料金が同じです。これを英語でユニバーサルサービスと言います。

同じ日本国内であれば、同じ利便性が同額で共有されるという国民の福祉策の恩恵が受けられているわけです。しかし離島にハガキを送るにはそれなりの費用が発生します。その経費に充てられていたのが「郵便貯金事業の利益」です。また、突発的な大災害や戦争勃発等の緊急事態に資金を提供できるのが郵便貯金です。郵便貯金は、私たち日本人の安全保障に欠かせない、最後の「砦《とりで》」なのです。私の父は、昭和陛下のすぐ横に立っていた近衛兵でしたが、生前に私に言ったことがありました。「郵便貯金はいざと言う時の資金であり、全国民が協力していかなければならない」と。当時、郵便貯金の金利は年間4〜5%あったと思います。事業で稼いで、国民に還元していたのです。

この儲かっているところを切り分けて、負債が出るところを切り捨てたのが郵政改革です。当時の小泉純一郎総理は竹中平蔵氏に指示され、ゆうちょ銀行を立ち上げることで郵便貯金を盗み、その分け前を共有した主犯の一人であると考えます。

小泉純一郎という人物の出自は田布施

小泉純一郎氏の父、小泉純也氏は、鹿児島県の加世田の近くにある、当時朝鮮部落と言われていたところの出身です。所謂「田布施システム」の田布施です。

私の父が鹿児島出身ですので、よくわかるのです。鹿児島は上下関係がしっかりしています。ところが、日本が戦争に負けて、在日半島系の人たちは勝手に日本人の姓を名乗っていいことになり、事もあろうに小泉純也氏は、薩摩藩の上級武士として家柄、格式の高い「鮫島」姓を名乗りました。それでも敗戦後、進駐軍の下では、在日朝鮮系の人物が「鮫島」姓を名乗ることに誰も文句は付けられません。しかし、そのような人物が鮫島を名乗って、鹿児島県内で自由に動けるわけがない。そこで彼は横須賀に出てきたのです。横須賀では、とび職から代議士になり、全身刺青を負った「入れ墨大臣」と呼ばれた、立憲民政党の幹事長、小泉又次郎の娘と駆け落ちして婿となり、以来小泉姓を名乗りました。

小泉純一郎氏は小さいころからわがままで有名だったようで、高校生時代から婦女暴行で逮捕されています。また、神楽坂近くの芸者さんの不審死の話は皆さんも聞いておられるかもしれません。これは彼の変な性癖に原因があるようです。事の最中に首を絞めて、この芸者を殺してしまったというのです。これが明るみに出ないうちに、彼はすぐ日本を出て、ほとぼりが冷めるまでヨーロッパに逃避したという。表向きは留学となっておりますが、その間大学には行っていません。このような人物が、その後帰国して、いつの間にか、何と総理大臣になっている。

これが、戦後の日本の姿と言えるでしょう。つまり、戦前の誇りある日本ではなくなっています。

ウォー・ギルト・インフォメーション・プログラム

戦後の日本では、『日本人のための、日本人による、日本の政治』は全くないのです。それは戦前の日本があまりにも強過ぎたがために、これを恐れた戦勝国の米国が、それまでの日本文化、就中《なかんずく》日本人の精神文化を徹底的に破壊して、日本人を弱体化させなければいけないという戦略目標の下、「日本人弱体化計画」が、戦時中から米国で練られており、戦後ＧＨＱ（General Headquarter 連合国軍最高司令官総司令部）により実行されました。それが「ウォー・ギルト・インフォメーション・プログラム（War Guilt Information Program)」と言われるものです。

戦後、米国が日本で最初に行ったことは、教育改革です。まず、東大の大学長を替えました。それまで人格者と言われた教育者は全ての学校から追放されました。ただモノを教えられれば良いということで、つまり教師ではなく「教員」と言われる人たち（教員資格を得ただけの労働者）が就きました。そこから日教組ができます。

これが日本弱体化計画の一つです。

全国の小学校にあった二宮金次郎の銅像は廃棄されました。二宮金次郎は、陽明学、言行一致、まさに日本の国学の中心を体現した人物の一人です。今風の知識人で「仕事しながら本を読んでいたら事故に遭う」などとつまらない批判をした者がいました。そのような者に「あなた、二宮金次郎が読んでいた本が何かわかりますか？」と問いたい。聞かれても分からないはずです。読んでいたのは主に『論語』だったと言われています。

大学という概念は、海外にはありません。彼らにあるのはユニバーシティであり、カレッジであり、スクールです。日本における大学というのは非常に意味が深く広く　高度です。全ての学問を修めた最高峰が大学です。日本に最初に大学が設けられたのは、平安時代です。

人がみんな二宮金次郎のようなことをすると、ますます日本が強くなるというので、二宮金次郎像を取り払って、今、一生懸命進めているのはＳＤＧｓです。

本来、学びや修行を大切にする大和心の武士道では、二宮金次郎を大切にしなければいけないのですが、今は大学という名前だけ残って、中は空疎《くうそ》になってしまった。

2015年の「世界大変」からの動き

2015年、世界大変になりました。銀行屋同士が食い合い、世界制覇を狙っているのですが、今日はその奥の奥にある原因を探ってみます。

この勉強会でいつも言っているのは、日本と欧米や大陸との文化の違いです。ユダヤ教の原点であるモーセ五書をよく読んでみてください。五書には彼らの精神文化の基礎となる、人生の行動の拠り所が書かれています。ユダヤ教から始まって、キリスト教の旧約聖書や新約聖書でも使っています。またイスラム教の啓典もほとんど同じことが書いてあります。

また、世界大変の中で、主役の一部になっているのが、日本に直接大きな影響を与えている中国（共産党）です。その中国が世界制覇を狙って台頭してきて、経済的な点では米国に次ぐ大国となってきました。世界一の大国米国はその中国にその経済ばかりか政治中枢までもが蝕《むしば》まれてしまっています。これに気付いたトランプ大統領は、2019年に国防権限法を強化して、米国にいる中国人の富裕層の銀行口座を全部締め上げました。それは「中国共産党幹部及びその家族の口座を有する銀行は、それらの預金を全て明らかにし、直ちに預金口座を撤収。もしこれに違反する銀行は、(世界基軸通貨である) 米ドルの取り扱いを禁止する」というものです。

この結果、中国共産党の代表のわずか100人が、スイス銀行に1000兆円を超える預金を持っていることがわかりました。私が日本にいた関係者に直接尋ねたところ、その他、アメリカの国内だけでも2000兆~3000兆円ほど預金していたようで、これらの預金は行き場をなくし、地下銀行に逃避させたようです。これらの預金は、我々から盗んだものです。

行き先のなくなった預金の一部は、日本に来ています。ただし、表の銀行には入っていません。全て地下銀行です。今、バブルが弾け、経済状態が深刻になっている中国の習近平主席が、米国にいる中国人たちを呼び戻しにかかっています。

そして、呼び戻した中国人たちからはパスポートを取り上げ、返さない、ましてや米国には帰さない。こうして、彼らの莫大な預金を使えなくしているのです。現在、中国では不動産バブルが終焉し、国内経済状況の悪化で会社が次々と倒産していますが、そんな情勢も関係なし。習近平氏にとって重要なのは共産党体制を堅固にすることだからです。

日本人殲滅（皆殺し）と中華人民共和国「東海省と日本人自治区作成」計画

2015年、既に人民解放軍による台湾上陸計画が作成されてました。これによりますと、2020年の東京オリンピックの開催中（実際にはコロナウイルス騒ぎで1年遅れの開催となりました）に中国人民解放軍が台湾上陸をして、同時に日本を侵略し、日本に中華人民共和国東海省を作ろうとしていました。

それが最初の計画だったのです。このため、２０１５年に、維新の党の橋下大阪府知事によって「大阪都構想」に対する賛否を問う住民投票が行われました。しかし、これがわずかの差で否決されて頓挫します。２０２０年に維新の党により、再び住民投票が行われましたがこれも否決されたのです。それでも維新の党は「大阪都構想」を諦めず、大阪府知事と府議会与党である維新の党は同じ中国支援の公明党と共に、行政措置で実現させようとしているようです。

もともと、維新の党は中国共産党による日本侵略のためにつくられた政党です。

維新の党の綱領や、最初の政党人事案は、竹中平蔵氏の要望で、上山信一という、慶応大学法学部大学院の教授が作成しています。上山教授は反日知事として有名な大村愛知県知事の政策顧問をしています。そのような中で起こったのが有名な『あいちトリエンナーレ事件』です。

ご承知のように、これは3年に1回、公費を使って世界の芸術祭を愛知県が開催するということですが、何のことはない、日本を貶める芸術祭でした。

まず会場入り口付近には、勝手に捏造《ねつぞう》した朝鮮人慰安婦の銅像を置きました。そこにお辞儀してから会場に入る。会場内では、昭和天皇の写真を燃やして、その灰をみんなで踏みつけるという映像を繰り返し流し続けている。このような日本を貶める表現を「芸術祭」と称し、これを公費で運営していました。正に大村秀章知事の愛知県だからできるのです。

中国人民解放軍によると、愛知県以西の日本は東海省です。大村知事や維新の党のような反日勢力が強いのです。このような極めて重要な事柄を日本のメディアは全く報じることがありません。

皆さんは、北海道の広大な土地が中国人によって買われてしまっているのをよくおわかりだと思います。人民解放軍による日本人皆殺し計画で、維新の党による「大阪都構想」及び「道州制」が計画通り実行されていれば2020年に東海省ができ、今、私たちがいるこの辺は日本人自治区、道州制になるというのが人民解放軍の計画だったのです。この計画は遅れているものの、着実に進められています。

「日防隊」「日本保守党」結成！　日本の敵を明確にする!!

この国難を排除するためには、誰かが声を上げなければなりません。しかし、この話をまともに受け止める人物が現れません。そこで、後から力ある指導者が出て来られることを期待して、まず自ら声を上げようということにしました。2019年（令和元年）の9月1日、一般社団法人日本安全対策推進機構を設立し、その中に日防隊を創設しました。また、翌年5月に日本保守党という政治団体の届出をし、政治活動も始めました。

令和5年の夏、「自民党はけしからん」という全く別の人たちが、日本保守党という同じ政党名を付けて政治活動を始めましたが、本来はあるまじきことです。私は日本保守党の名前を付ける際に、東京都の選挙管理委員会から「現在はもちろん、過去にも使われていない名称を付けてください」との助言を得て、よく調べた上でこの政党名を届け出たのです。

聞くところによりますと、チャンネル桜というユーチューブテレビの水島社長も「日本保守党」という名を付けようとしたそうです。しかし、既に私がつけていたということで、党名を「くにもり」にしたそうです。その「くにもり」の後に百田尚樹氏によって結党された「日本保守党」が、我々に何の断りもなく「法律に違反しないから」と、同じ党名を名乗ったことは本当に驚きでした。

話を戻します。2020年1月に台湾で総統選挙がありました。中国への併合を望まない蔡英文台湾総統の2期目の選挙です。その結果次第で8月には、人民解放軍の台湾実効支配の為の上陸作戦が行われる可能性が高いと考えていた私は、1月4日から、新橋駅前での街頭演説を計画し、道路使用許可を取って、世界大変の事象がいつ起こるかと元日から身構えていました。その矢先の1月2日、台湾の総督府参謀総長の乗ったヘリコプターSH60が原因不明で墜落し、複数の軍指揮官が死亡するという情報が入りました。通常運航ではまず墜落することのない、世界的に安全性が高いこのＳＨ60型ヘリコプターが、軍の複数の最高幹部を乗せて、離陸後、間もなく墜落したことは事故ではないと直感し、いよいよ世界大変が始まったと確信したのを覚えています。これから世界で何が起こるか、これを仕組んでいる邪悪な者たち以外に誰も予想がつかないのです。するとその翌日、今度はイランの革命防衛隊のソレイマニ司令官が、イラクのバグダッドの国際空港を降りた直後に、米軍の無人機によって爆殺されました。米国によるイラン革命防衛隊への宣戦布告です。

この度の世界大変は、人口削減計画もあって、世界中で混乱が起こされます。その中で、残念ながら、日本人は殲滅（＝皆殺し）の対象（戦略目標）となっています。日本の歴史始まって以来、未曽有の国難です。

私は1月4日から新橋駅前で演説し、一人でも多くの人に気付いてもらうべく「注意喚起」を呼びかけました。日防隊のシンボルである「朝日に山桜」旗を振りながら、「創価学会」、「統一教会」という具体的な日本の敵を名指しつつ演説をしました。そうしますと「創価学会」と声にした際に、ぴたっと足を止める人が、10人のうち1人ぐらいいます。たぶん創価学会員かその関係者でしょう。

当時、新橋駅の目の前にヤ●ダ電機の本店がありました。これらヤ●ダ電機を始めとした、創価系企業で中国と付き合っている企業は、人民解放軍が自動小銃等の武器を密かに日本に搬入する窓口になっています。実弾付きのこれらの武器は、この十数年で既に50万丁以上が日本に搬入されていると思います。これは勝手に言っているのではありません。現場で見たという人が私のところに言いに来てくれたのです。もう十何年前からやっているそうです。

彼の報告では「中国から届いた荷物があまりにも重いものだから、『開けるな』と書いてありましたけれど、中身を確認しようとして開けてみました。何と、それらは全て自動小銃だったのです。しかも、通常の10ｔトラック満載以上の量がありました」ということでした。【約3000丁程度と思われる】

驚いた彼は、すぐに上司に報告しました。上司は当然、警察に届けるものと思いました。ところが、そこに駆けつけて来たのは警察ではなく、中国の領事だったのです。そして、領事について来た者たちがどこかに運び去っていったと言うのです。緘口令《かんこうれい》を敷いて、不審に思った彼が次に驚いたのは、この会社の社長の奥様が、いつの間にか中国人に替わっていたことでした。

このようなことが、10年以上前から行われているのです。

この事態は【銃砲刀剣類所持等取締法（銃刀法）】違反どころの話ではなく、【刑法第81条（外患誘致罪）外国と通謀して日本国に対し武力を行使させた者は、死刑に処する。】及び【刑法第82条（外患援助罪）日本国に対して外国から武力の行使があったときに、これに加担して、その軍務に服し、その他これに軍事上の利益を与えた者は、死刑又は無期若しくは2年以上の懲役に処する。】に該当する可能性が極めて大きい、国家転覆に当たる重大な犯罪行為です。このような行為が長期に亘って堂々と行われていることを、日本の公安警察が見過ごしていることは到底考えられません。また、日本の公安警察を管轄する政府自民党、公明党、更には中国共産党の日本侵略を支援するために作られた維新の党が知らないはずがありません。正に、今の日本政府は、日本人を抹殺することに手を貸していると言っても過言ではありません。現在の日本の政治家のルーツを見ればわかりますが、残念ながら今の日本の政治家に日本人がいないのです。

この現状を、私たち日本人が強く認識しなければなりません。

國體《こくたい》を大切にしてきた日本

神武天皇元年（西暦紀元前660年）1月1日（太陽暦2月11日）、神武が天皇即位以来、日本は國體の中心に皇《すめらみこと》を戴《いただ》き、爾来連綿《じらいれんめん》と続く皇統を國體の中心にお祭りしてきました。

平安時代の末期、それまで「地下《じげ》の者」と言われていた武士が台頭し、鎌倉時代には、それまで貴族が行っていた実質的な政《まつりごと》（政治）を武士が幕府を設けて施行していきました。それでも幕府は国を治めるのに國體を大切にし、その主《あるじ》、國父《こくふ》である天皇をお祭りしていました。

國體というのは、国家の在り方、社会の形態、そこに暮らす私たち國民《くにたみ》の生活・社会の在り方のことを言うのです。私たち日本人は、縄文の昔から、皆が一つの家族として、争い事のない、皆が協力する國體（国家）を営《いとな》んできました。

日本は今年（令和6年）皇紀2684年です。あと17年で皇紀2700年の節目を迎えます。私たちの日本が、世界中でどの国にも見られない、これだけ永く国家が持続している理由はどこにあるのでしょうか。

そこに他の国には見られない貴重な日本の宝が存在するのです。

私たちの日本という國體には、その中心となる人物、国家の柱となる人物が常に存在しています。それが歴代の皇（スメラミコト）です。皇とは単なる力を誇示する権力者ではありません。それは一家の主《あるじ》であり国家における親父の権威です。国の中には、賢い者もいれば、愚かな者もいる。真面目な働き者もいれば、すぐ怠ける者もいる。病気の人もいる。年寄りもいる。時には手癖が悪くて人の物を盗む者もいる。それらを全てまとめて家族としてそれぞれの生活・社会を大切に養っていく国づくりをしている。これが國體です。

日本人はこのような文化価値を共有して高度な社会性を持った国家を保ってきています。このような国家作りは、英米を始め西欧諸国には観られません。

彼らの國（国家ではない）造《つくり》は、常に弱者を屠《ほふ》り、そこに生活する人々を支配し、搾取する社会構造を構築します。そこに生活する人々が権力者に逆らうことがないように、マスコミその他の情報機関を管理して宣伝と情報管理を徹底し、言論統制を行い、過酷な罰則を科して、支配者及びその周囲の権力者を保護する組織を作っていきます。

英米を始め西欧各国の権力者が、日本を侵略するためには、まず日本人の持つ文化を破壊しなければならないと気付き、戦略を練り、粛々と実行していきます。

これも直接、在日朝鮮系ＳＰＹの者にも確認したことです。

既に噂にはなっていて、ご存じの方もおられると思いますが、明治帝は朝鮮人です。明治維新の際に、すり替えられてしまったのです。

潤統《じゅんとう》（＝北朝）であった睦仁天皇は、明治維新により東京に遷《うつ》られました。しかし、京都と違い、そのご尊顔を直接拝した人はほとんどおりません。すり替わった人物が睦仁天皇を名乗っていたのです。やがて明治4年に廃藩置県が行われた後に、巧みに横須賀への行幸《ぎょうこう》を促された真の睦仁天皇は、そこで首を刎《は》ねられてしまいました。

その時、明治天皇「睦仁」を名乗っている人物は朝鮮人だったのです。西郷（隆盛）ら薩摩や水戸藩の維新の志士たちは、その時、入れ替わったのは正統（南朝）天皇であると信じ込まされていたと思います。

このようにして、薩長の革命軍を操る英国と徳川幕府を操る仏国による、日本侵略の為の最も大きな文化破壊工作が成功していきました。

殺人注射「絶対に打つな」の声もむなしく

話を元に戻します。2020年2月、今回のワクチン騒ぎにつながるウイルスが出てきました。この話が私のところに届いたのは2月4日です。

インド工科大学の微生物学研究所の副所長が論文を発表しました。科学論文は、公式発表の前に、様々な研究者の査読を通して確認がなされます。その後、間違いないとなってから発表するのです。ところがその副所長は「緊急性が高いのと危険性が極めて大きいので、取り敢えず査読の前に発表し、必ず『査読』を通した後、半年後か7～8カ月後に、公式発表します」と言っていました。

私は「これは『人口削減のための軍事兵器』であるので、この情報は消される」のではと直感しましたが、やはり消されてしまいました。

私は、書かれたものを見たときに、これは、まさに人を殺すための生物兵器だと思いました。

ＨＩＶの分子構造が４種類入っているキメラ構造という、自然界では絶対に生じることのない分子構造が明確に示されていたのです。直ちに私は「中国人を入れるな！」と言いました。

ダイヤモンド・プリンセス号の事件がありましたけれど、あれは船内で感染が広がった。武漢では大変な死者が出て、封鎖されていたが、カネ持ちの中国人が日本に逃げてきた。日本の政府は無制限に入国させていました。

そのことを最初に指摘したのは水間政憲さんです。よく調べてくれました。危険なので、私もいろいろなところに言いました。

名前を出すと気分を悪くされるのですが、１人だけ名前を挙げましょう。下村博文の事務所に行ったのです。彼は日本の政治家の代表です。彼の事務所に4時間いました。本人は出てきません。息子が出てきました。話を聞いてくれるだけでもありがたいと思います。

下村博文は、自民党の中でも、安倍さんに次ぐ統一教会の大幹部です。聞く耳を持つわけがないのです。日本人皆殺し計画をやっている本人ですから、何の手も打ちません。

私は、これは軍事兵器だから、ワクチンはできませんよと言っていました。ところが、夏ごろからワクチンが明確になってきた。中身はｍＲＮＡという遺伝子の一部分です。

私は街頭で、遺伝子組み換えの危険な殺人注射であると言ってきました。なぜ日本は健康を守るためと言ってこれを打たせるのか？　とんでもない状況が起こっていた。

2～3年に亘って勉強会をして、言ってきたことが全て明るみに出て、政府は隠し切れなくなっています。

ワクチン接種後、この影響と考えられる超過死亡数は、これまでになんと31万人以上になりました。31万人ですよ！

この数字を、政府はこっそりと出しています。

先の大戦で亡くなった兵隊さんは二百八十数万です。民間人はそれにプラスして世界で一番殺されています。でも、今回はそれ以上に注射で殺されていくと思います。

これを発表すると、ユーチューブでは直ちにバンされます。

私は軍人的な物の見方で言います。軍事兵器としてつくられていることが極めて疑われるものは国内に入れてはいけないのです。学者さんは「証拠がない」と言いますが、打った後に証拠を出しても間に合わないのです。

名指しで言いますと、元防衛大臣の小野寺五典は、誰の指示かはわかりませんが、自衛隊、警察、海上保安庁、消防署の全員に打たせろと言いました。私はその日の夜、すぐにユーチューブで「絶対に打つな！」と訴えました。そうしたら、現役の陸海空の自衛官から匿名で電話が来て、「どうしたらいいでしょうか？　打ちたくないと思います」と言う。私は「絶対打つな！　打つぐらいだったら、自衛隊を辞めると言え」と伝えてきました。今となれば打たされてしまっています。

ワクチン1本の値段は日本では推定2万円（原価は111円!?）

学者さんが今、ワクチンを打たれた被害者の救済をいろいろやっています。それも必要でしょうけれども、あの時みんなで声を上げていれば、犠牲者は出ませんでした。

私は「結論はわからないが、極めて危険だ」と言いました。契約内容を見ればわかります。秘密契約にしている。

去年の10月だったと思いますが、ヨーロッパ中央会議で取り上げられ、今年の5月3日にCOVIDサミットが開かれました。ヨーロッパは、4億7000万人しかいない中、47億本も契約しているのです。原価は111円です。

EUではこれを3700円で契約させられ、買わされています。

アメリカは、推定ですが1本1万5000円で買わされています。国民から搾り上げるわけです。

日本では推定2万円です。さらに、注射1本を打つたびにお医者さんに5000円の別な手当が出ます。お医者さんが頑張って、1週間に数百人に打ちますと、1本当たり1万円の手当が出ます。

注射を打てる歯医者さん、お医者さんを募集していました。時給18万円。時給が18万円です!!

1分間で例えば5人打ったとしましょう。1時間で300人ですから、300万円です。「カネになる」と言って打たせて、製薬会社を儲けさせている。年寄りが死ねば、年金を払わなくてよくなります。彼らが一番求めている日本という土地が手に入ります。日本人を皆殺しにできます。そういう冷徹な計画のもとになされていると私は考えて警告を発しているわけです。

世界中にワクチンを強制する「ワクチンパスポート」が施行される!?

2021年になり、ワクチン強制が始まりました。昨年、パリのG20の裏側で、B20がありました。クラウス・シュワブが来ていました。これから新たに始まるパンデミックに対応するために世界保健機関WHOの権限を強化しましょうという意見を、議長国であるインドネシアの厚生大臣に発言させました。それに大賛成したのが日本の岸田総理です。サインも最初にしています。

2022年の12月にWHOで素案が決まり、2024年の5月、WHOの会議が開かれて、世界中にワクチンを強制するワクチンパスポートができることになっています。

これはあまりにも危険があるということで、WHOにいた女性医師が、これを阻止しようとして、イギリスのご自身が尊敬するすばらしい男性博士に「イベルメクチンは物すごく効果がある」と話した。「それはすばらしい。それをやろう」と言った教授が、国連に戻った途端、手のひら返しをしました。なぜか？　おカネです。

人が何億人死のうが、自分に名誉とカネが手に入れば良いという体質がよく表れていると思います。

今、WHOを離脱しようという新しい動きがあります。アメリカは、トランプさんのときに一回離脱していますが、現在のジョーダン・バカデン（＝ジョー・バイデン）さんは再加盟しました。冗談じゃないと言いたいです。

第三章

世界中に広がる火種の中で
日本人がやるべきこと！

ウクライナ侵攻の裏側で、日本のポチぶりは誠に情けない！

そんな中、2022年2月24日、ロシアのウクライナ侵攻がありました。一方的にロシアが侵攻した。一方的にクリミアを奪った。NHKはいつも「一方的に」という定冠詞をつけています。

これは2004年、あるいはソ連の崩壊からの歴史を見なければ分からない。ウクライナのユダヤ系シオニストのネオナチが全ての土地と物を奪った。それに反対して、選挙で選ばれた大統領を暴力で追い払い、そこに残ったロシア系住民を虐殺していた。

この事実は国連にも報告されています。それを日本は一切報じない。なぜかというと、ＮＨＫの中には１０００人以上も朝鮮人がいるからです。これは戦後、間もない時からで、ＧＨＱの差し金です。ＣＩＡの手先になっている。読売新聞・テレビがＣＩＡの現地スタッフになったようなものです。

どなたかが言っていましたが、アメリカの機密文書が開陳されました。吉田茂のＣＩＡのコードネームは「ポチ69」です。「ポチは自分の股間でも舐めてろ」という、バカにした正式コードネームです。公文書として公表されていますが、公共放送であるＮＨＫは一切流さない。いかに日本が彼らによってやられているかです。そういう中で、ワクチン強制はこれから強まります。

ロシアには、止むに止まれぬ事情がある。僕がロシアの責任者であれば同じことをしたでしょう。ロシアを潰そうという意思と能力を持った人たちがウクライナにミサイルを設置したら、ミサイルは5分でモスクワに届きます。

今のウクライナ問題に対して、ウクライナを支援してロシアを締め上げている国は17カ国ぐらいしかありません。ほかの国は全部、中立もしくは反対です。真実の中身が分かれば当たり前のことを一切無視して、日本はウクライナに加勢しました。

軍事紛争が始まる3年前だったと思いますが、安倍さんは、ウクライナに20億ドルの無償資金援助をしています。全部、軍事のための準備金になっているはずです。日本円にしたら二千数百億円になります。

岸田総理は、2023年5月のサミットで、国際法に照らして100%犯罪者であるゼレンスキーを迎えて、追加で24兆円の支援を約束しています。

2022年、アメリカのジョーダン・バカデンさんが来て、日本を国連の常任理事国に推薦するという冗談を言いました。それに喜んでカネを出しているのです。43兆円という新しい予算が組まれて、2023年度から、その一部がスタートしました。現在の日本の防衛予算は、アメリカ、中国に次いで堂々第3位です。日本はロシアよりも、イギリス、フランスよりも多い防衛予算を組んでいるのです。

「利敵行為」を堂々とやっているのが、今の日本⁉

利敵行為というのは、皆さんご存じないかもしれません。中立国が、全く関係ない国同士の争いの片側に、有利な情報を提供したり、おカネや武器を提供することです。その瞬間に利敵行為とみなされる。

しかも、ロシアに宣戦布告をせずに、その行為をするということは一番やってはいけない罪です。最も重い罪で、言い訳が利かない。即死刑です。軍事法廷も開かれない。そのような罪を利敵行為といいます。これを堂々とやっているのが今の日本です。

なぜか？　日本を潰して、日本人を潰して、日本を乗っ取ろうとしている者がいるからです。それは誰か？　今の政府です。野党も一緒です。誰も反対しません。

私は参政党の神谷代表に明確に伝えました。しかし彼は、一言も発しませんでした。

好意的に捉えれば、あそこに集まっている人たちは熱心ですから、政治的配慮があるということになるのでしょう。しかし、私は今はそうは思いません。

中東戦争勃発とウクライナの関係

勉強会で3年前から言っているように、世界のいろいろな地域で紛争があります。一番起こってはいけないのが、イランとイスラエルの紛争です。これが起こったときには、世界中が天地をひっくり返すことになって、最終戦争になる可能性が極めて大きい。今回も、始まった途端、ウクライナはほとんど話題に上らなくなりました。

ウクライナは犯罪国家です。はっきり言います。犯罪国家なのです。ウクライナに「武器を貸してくれ」と言われて出した武器の7割が消えています。横流しです。

日本人の愚かな義勇兵が戻ってきて、はっきりと言っていました。

日本が出したおカネのほとんどが彼らの懐に入って、闇に流れていると思ってください。

ゼレンスキーは、安全なイスラエルに豪邸を作って、自分のおふくろさんを避難させています。奥さんはロンドンの大豪邸に住んでいます。自分のかわいい女の子のためにエジプトに大豪邸を作りました。イタリアのローマにも作っています。アメリカにも大豪邸を持っています。

ウクライナの国民は今、40万人死んでいます。正規のロシア軍に敵うはずがない。そこに、今回起こってはならない紛争が起こった。

予備役で無理やり戻されて捕虜になった最高齢は72歳です。家族が殺されるから無理やり出兵せざるをえないのです。

アフリカで一番のカネ持ち国・ナイジェリアでの蛮行を誰も語らない

フランスは、ナイジェリアのボコ・ハラムに武器を渡しています。ナイジェリアはアフリカで一番のカネ持ち国です。なぜか？　ボニーライトという良質の石油が湾の近くで出るのです。

それまでは南アフリカが一番のおカネ持ちだったのですが、ここ10年はナイジェリアが一番になりました。ナイジェリアの部族長が燃料大臣で、大統領の息のかかったヤツで、一人占めしているのです。フランスは、その利権を何とか取ろうとして、得意の外人部隊を使って、ナイジェリアで革命をしようとしている連中にカネと武器を渡しました。それがボコ・ハラムです。

ボコ・ハラムが何をしているかわかりますか？　女子高生、中学生を300人も500人も誘拐してる。彼女たちは未だに帰ってきません。人身売買された。もっと酷いこともしています。

5歳とか7歳の女の子の腹に爆弾を巻きつけて、朝一番に歩いて行かせて、遠隔装置で爆発させる。

「お前がこれをやらないと、お前の親父さん、おふくろさんをこんな目に遭わせてやる」と言われるから、泣く泣く子供たちは行くのです。やらせているのはフランスです。混乱させて、利権を取ろうとしている。

ニジェール、スーダン、イエメン、アフガニスタンでも世界大変！

ウクライナは、これまで世界一のウラン産出国でした。今はニジェールが世界一です。次はスーダンです。そのうちスーダンで世界一の人道被害が出るでしょう。

スーダンは今、大統領と副大統領の2つに分かれている。馬泥棒、ラクダ泥棒をしていたのが、副大統領になった。スーダンは肥沃な大地で、ここは最大の食料庫になる可能性があります。

オマーンは国王が死にました。しかし、オマーンよりも、イエメンです。10月、イスラエルに向けてミサイルを撃っています。紅海にいるアメリカ軍が巡航ミサイルを撃墜したのです。

アフガニスタンは、２回連続で人工地震を起こされました。その直前にイランを越えて、イスラエルを攻撃しようと向かっていました。アフガニスタンからアメリカが引き揚げましたが、その直後に入ったのはどこの国だかご存じですか？　中国共産党です。

もともとアフガニスタンは中国とは仲良くはなかった。しかし、アメリカが撤退したあと、利権構造があるので、中国共産党はすぐ手を差し伸べて、アフガニスタンに武器を渡した。中国共産党は一帯一路を取りたいので、アフガニスタンに仕掛けたわけです。

アフガニスタンはムスリムです。今回は最後の戦いになるから、イスラエルを潰すということをタリバンが決意したのです。

北朝鮮のSPYさんに聞いた今そこにある〝日本の危機〟

4日前に、北朝鮮のSPYさんに会って話をしました。2023年は戦時特需でウハウハだそうです。2022年は、春先に餓死者が100万人出るのではないかと言われていましたが、2月に紛争が始まって、武器弾薬と人員を送っています。

ロシアには食料がたっぷりある。ただ、金正恩さんは亡くなっています。公安もいるため、変なことは言えませんが、私は本人に確認しています。「ジョンウン・アルファさんですね？」と聞いたら、否定されませんでした。

北朝鮮は今、リーダーが代わっています。妹の金与正《キムヨジョン》がやっています。ただ、妹は軍人に反対勢力がいるので、金正恩の娘をメインに出しています。それも確認しました。これを明確に言っているのは、朝堂院大覚さんぐらいです。

4日前に会った、金正恩といつも話のできる、日本生まれの朝鮮人SPYさんも言っています。

ディープステートの裏切りは、サウジを激怒させた！

サウジアラビアはブラックロック（世界最大の資産運用会社）と同じくらいカネを持っています。相当な額です。サウジアラビアは、どこかの言いなりというわけでもなく、独立しています。

以前は、アメリカべったりの国でしたが、今回ディープステートに裏切られました。クレディ・スイスが破綻しましたね。いろいろなところがカネを積んでいたのです。

日本でも、クレディ・スイスが潰れる前に、AT1債（Additional Tier1）を売り出しました。銀行をつくるときの資本金はティア1です。ティア2、ティア3というのもあって、一般の人となる。

資金者に一番近いAT1債は、劣後債と言われています。一般の株式だったら株主総会の議決権があります。これにはそれはありませんが、かなりヤバくなっても最低限の利息は最後まで保証する。いよいよ危なくなったときは、現金では戻らないけれども、そのまま転換社債のようにティア1に入る。

銀行が潰れそうになったときは、本来、最後の株式を残せばいいのですが、クレディ・スイスは、ブリオン・バンクという世界を代表する銀行の一つです。潰れそうになったときに、アメリカはカネを引き揚げました。本来、最後の株式を残せば良いのですが、UBSが吸収したのです。潰れたことにはなっていないですが、クレディ・スイスのAT1債を買っていた人は紙くずにもならなかった。０円です。

潰れるときは転換社債になるけれども、吸収は会社全体が消える。普通は１万円の株が10~20円になっても、残っている。それが１円も残らないのです。そういう汚いことをする。


サウジは激怒して、ドル離れをしています。「ドルはもう使わない。オイルはドルで支払わなくても良い」と言って、人民元で買っています。それでＢＲＩＣＳを中心にグローバルサウスができたのです。ドルは消えかかっています。

サウジは、イランと国交を結ぼうとトランプさんから言われてましたが、今回の事件でやめています。中国は助けにはなってはおらず、イランとの国交を正常に戻しただけです。


イランは原典に近いシーア派です。サウジアラビアは、ちょっと柔らかい。

サウジアラビアのメッカはイスラム教の最初の聖地だから、世界中から人が集まります。

その後、メジナに移る。両方ともサウジアラビアにある聖地です。3番目はエルサレムで昇天します。世界中からムスリムが来る。スンニ派もシーア派も全部聖地に来る。サウジアラビアの王家は守る義務がある。ところが、ある事件がありました。シーア派の指導者がサウジアラビア内で殺された。それで激怒して、国交断絶になったのです。8年前だったと思います。

慈善事業と称するものは、皆、インチキか別の目的！

私はユーチューブに出ていますが、ユーチューバーではないのです。発信すると、すぐ殺人予告が入ります。最初はCIAからでした。2番目に殺人予告してきたのが創価学会で、中国共産党からも殺人予告を受けました。

中国共産党は勢力を伸ばそうとしています。イスラエルも世界を取ろうとしています。聖書にそう書いてあるからです。慈善事業は、相手を油断させて、だますためです。

国境のない医師団などもみんな同じです。ロスチャイルド、フランスのユダヤ人が作っている。なぜか？　国境のない医師団の前身はＮＧＯ（ノン・ガバメント・オーガナイゼーション）です。国連が認めたオブザーバーだった。このようにすれば、敵のところにでも人道主義で堂々と入っていけます。その利権を取って地下資源を押さえる。

あいつらは、どこへでも行けるけど、本当に危険なところには行きません。なぜスーダンに行かないのか？　みんな逃げ出したじゃないですか。ガザ地区からも逃げ出しています。

ナイジェリアなどの資源のありそうなところには利権を取りに行く。医師たちはわかっていませんよ。日本の医師団が一番ボケていて、「私は良いことをやった」と思っている。

カナダの団体はよくわかっていて、自分でモノを持っていって、現地で直接渡しています。日本は、アグネス・チャンみたいに、日本人から集めるだけ集めて「一部寄付します」と言って、1%ぐらいは寄付して、99%は自分の懐に入れる。国連大使をやったアグネス・チャンは香港に金無垢の豪邸を建てています。

ミャンマー暴動の裏には、覚醒剤の利権あり!

ミャンマーは、アメリカのヴィクトリア・ヌーランドが行った策略です。ここは中国共産党の力が入らなければいけないのに、アウンサンスーチーさんというイギリスのスパイがいる。西側はこれを一生懸命育てている。

ミャンマーは、以前ビルマと言われていたころ、イギリスに虐げられていたのを日本軍が解放したようなものなのです。

ロヒンギャはベンガル人です。バングラデシュという国がありますね。ベンガル人はインド人とは違うのです。宗教も違う。ムスリムです。

ベンガル人は、色は黒いけど、顔かたちがドイツ、イギリスに似ている。だから、使いやすいというので、彼らを手下に使った。直接イギリス軍がビシバシやると目ざわりなので、現地の人にやらせる。

インドでもそうした。インド人を使って、インドの人たちをバチバチやった。日本も、日本人に似ている朝鮮人を使って、日本人を痛めつけている。同じことをしたのです。

ベンガル人は、顔かたちも宗教も全く違う。ミャンマーは仏教国です。ロヒンギャがいた州には王様がいた。ロヒンギャが皆殺しにしたのです。その後、日本が応援してミャンマーが独立し、ロヒンギャは逃げ場を失った。しかし、仏教国だからずっと許している。
騒ぎを起こしたい誰かが仕掛けて、ミャンマーの警察や軍を襲わせたので、「せっかくお前らを生かしてやっているのに。ロヒンギャは出ていけ！」と言ったのです。

ロヒンギャという名前はついこの間まではありませんでした。彼らが抵抗勢力で作った名前です。ここの利権を取ろうした。ここは、いろいろな起点だし、中継地にもなる。マラッカ海峡を通らなくて良い運河をつくる計画があって、ゴールデントライアングルと言われるところには、金を初めとした資源がとても多いのです。

一番多いのは、アヘンとケシで、子どもたちに作らせています。その利権が欲しいわけです。

日本の高精度の覚醒剤は、ミャンマーでつくられたものがタイや中国、朝鮮経由で来ています。高純度の覚醒剤は高いから、日本人ぐらいにしか売れないのです。値段が高いから、歩合がいい。海外では、別の安い覚醒剤を使うのです。こうした薬のルートに創価学会がかかわっていると言うのです。

創価学会は日本を立て直すために作られた

創価学会のトップは今はみんな朝鮮人です。昔の創価学会はだまされています。

創価学会というのは、日本を立て直すためにつくった組織です。大日本皇道立教会がつくった。

大隈重信《おおくましげのぶ》ら明治の総理大臣経験者が中心になって、明治維新以後の日本はおかしい、もとの日本に戻せということでつくったのが大日本皇道立教会で、清王朝の辛亥革命《しんがいかくめい》を手伝った頭山満《とうやまみつる》などもそうです。

明治に廃仏毀釈《はいぶつきしゃく》で仏教が潰された。文化を壊されたわけです。これをもとに戻せ、弱肉強食は日本にはなじまない、とにかく教育者から始めようということで、大日本皇道立教会の中から、牧口常三郎と戸田城聖が議長になって、創価教育学会をつくった。

牧口は、獄中で自殺します。飛び降りて石に頭を打ちつけた。戦後、日本の良いものが何もなくなって絶望したのです。

60万世帯を超えて、70万世帯になったときに戸田城聖は亡くなった。3年間の空白ののち「私が戸田城聖から跡継ぎと言われた」と言って出てきたのが池田大作です。

そのときの跡継ぎは、第一部隊長だった石田次男です。石田次男は、公明党のトップだった石田幸四郎の兄貴です。そのときに支援したのが北朝鮮です。KCIAと北朝鮮とCIAが一緒になって支援した。体育で組み体操をしますね。あれは北朝鮮の専門家が来ないとできないのです。

当時、理事がいっぱいいたのですが、池田は賄賂を使いました。それが２０２３年の初めになってわかりました。宮様の関係者から直接聞きました。歴史の裏がめくれると、日本がやらなければいけないことが見えてきます。

第四章

ハマス vs イスラエルは
イランを巻き込んだ世界戦争へ

これが果てなき紛争の超裏事情だ！

世界大変の中で最も起きてはならない争いが起こってしまった。

3年半前から言っていた世界大変の中でも一番避けなければならない戦いが今回（2023年10月）起こってしまいました。ハマスとイスラエルです。まだ100％まで行っていないので、今、消せるかどうかですが、これを止めるのは困難です。一時止めても、必ず再燃します。それが今回の戦いです。その原因はどこにあるのか？　勉強会でいつも言っているように、文化の違いです。旧約聖書、ユダヤ教の原典に書いてあることをよく読んだほうがいい。

2年半前、沖縄で最初、午後に2時間ぐらいの予定で勉強会をしたのです。

会場の一番手前に、真面目そうな50歳ぐらいの牧師さんがいました。その日は、もっとやってくれということで、午後の4時間の後、夜も4時間やりました。次の日もやって、結局4時間を8回やりました。

その計8回、最初から最後まで一番前に、真面目な牧師さんがいました。創価学会の地元幹部でした。共産党現職の議員、現職の自衛官も来ていました。

ハマスの攻撃の裏には、イスラエルに雇われた者がいる⁉

起きてはならない、でも、起こるように仕向けられた争いが起こります。それが今回のハマスです。

パレスチナのハマスがガザ地区からイスラエルへ5000発のミサイル攻撃をしました。その時点で200人以上が死にました。パーティーをやっているところへ撃ち込まれたりしているので、もっと殺されています。

馬渕睦夫元駐ウクライナ大使は「ハマスはテロ組織だ」とはっきり言っています。確かに、ハマスのやっていることはテロで、テロ組織に間違いないと思いますが、実は政党でもあるのです。

50年前、第四次中東戦争が起こりました。10月6日です。10月6日というのは、ユダヤ暦では区切りなのです。ユダヤ人はトーラーという一番の原典を1年間かけて読み継ぐ。最後に読む人は指名されます。これは名誉なことなのです。1年の後、また新しい章が始まる。そのときの安息日は、ユダヤ教にとってはお祭りです。パーティーなどもある。そこが襲われたことになっています。

今、「なっています」と私は申し上げましたが、それはイスラエルには世界一の情報機関、モサドがあるからです。だからどう考えても、こういう襲撃が知られることなくできるはずがないのです。これは僕の軍事的な、戦略的な考えですが、ハマスの中に、イスラエルから雇われた者が入っていて、紛争を煽《あお》ろうとした。

武器も準備しているという情報をモサドは知っているけれども、あえて出さない。9・11みたいなものです。

中東で、石油の代金をユーロで払われては困る。それを行ったフセインは潰さなければならぬ。そのために作戦を練る。いろいろな利害関係を踏まえた上で9・11は起こされたというのが私の見方です。

1930年代の世界大恐慌のときのアメリカのソブリン債、連邦銀行がつくった年利4％の複利で返さなければいけなかった国債が、9・11によってみんなの前で燃えてしまいました。「返そうと思って集めたんだけど書類が燃えてしまいました」と言った。その場所は、第7ビルと言われるCIAが使用していたビルです。ツインタワーからかなり離れていますが、一緒に崩れています。それと同じような作戦が今回のパレスチナ・イスラエル戦争で練られたのではないかと私は考えているわけです。

ハマスはもともとイスラム教の、アラブの土地にいる人です。「そうだ、そうだ」と火をつけるヤツはいっぱいいる。それを煽って、あえてやらせたのでしょう。

なぜかと言うと、イスラエルは、それをやってもらったほうが都合がいいからです。2000年待って、皆殺しをやろうとしたけれども、なかなかできなかったことがここで今できる。そういう考え方をちょっと頭に入れながら、この後の動きを見ると、よく分かると思います。

最初に双方で400人以上死んでいるわけですが、イスラエルは「これは自分の国の消滅の危機だ」と言っています。「ハマスに最大限の報復をする。世界中の誰も文句を言わないでしょう」と言う、建て付けに見える。そして、すぐにガザ地区への空爆を始めた。イスラエルは米軍の支援を期待しています。当然、米軍は支援します。ロビイストはイスラエル人です。ネタニヤフさんは直ちに、「我々は戦争状態にある」と世界に表明しました。空爆して、やっつけていますよと言うわけです。空爆だけで全滅はできません。最後は地上軍が入る。その理由づけになります。戦車はどんどん増えていった。

この前（2023年10月17日）、問題になったのが、病院への攻撃です。ガザ地区でその中心部にあるアル・アハリ病院が爆撃を受け、475人が死んだ。

これに対して世界中は「何ということをするんだ！」と言った。

戦時国際法では、病院と病院船を攻撃してはいけないのです。

ただし、中国は、病院船だとウソをついて兵隊を乗せた。それを見破って拿《だ》捕《ほ》したのが東郷平八郎です。当時、病院船を攻撃したと国際問題になり、国際裁判になって、アドミラル東郷が勝ちました。拿捕した船は、病院船に見立てていますが、中国人の士官が操縦して中に武器を積んで、兵隊を運んでいた。それは犯罪行為です。攻撃して当たり前。翻って今回のように明らかに病院を攻撃してはいけないのです。今回は病院を狙った。

以前から「イスラエルは病院も狙う」と言っており、今年の1月からも折に触れてやっていたのです。それを世界はニュースにしません。人道違反、国際法違反、国際犯罪です。これを一回も追及しないから、彼らは図に乗っているのです。

日本に原子爆弾を落とし、非戦闘員を殺した。これは絶対にやってはいけない戦争犯罪です。東京大空襲もそうです。人々が逃げられないように、まず周りを火の海にして、最後に中心部へ600万発を落として10万人を殺しています。昭和20年3月10日以降、日本の大都市はみんなやられています。これは絶対にやってはいけない戦時国際法違反です。

それなのに未だに日本に謝らない。謝らないどころか、5月のG7サミットをせっかく広島で行っておきながら、世界の核拡散を防ぎましょうぐらいの上っ面の話をするだけで、日本にも核兵器が使えるように「米軍が貸してあげてもいいよ」と言っているわけです。G7には犯罪者が集まっている。

ゼレンスキーがわざわざG7に合わせて来日するという時も、「なぜ犯罪者がここに来るのか！　それだけは許せない！」ということで、私は1人で街頭演説に行きました。警察が400～500人いました。私が演説を始めようとしたら、私のところには40～50人来ました。ビッタリ付いてくるから、「離れろ」と私は言いました。

口では「離れます」と言うが、離れない。「俺は元自衛官だ。今から拡声器で話す」と言って、15分ほど話したら、その内容を聞いて、少し離れました。「君たちは全国から来ている司法警察官だろう？　目の前で悪いことをやっている連中をなぜ現行犯で逮捕しないのか？　日本は利敵行為という国際犯罪を犯している。ゼレンスキーは、２０１４年、２０１５年の段階で、国連の人権委員会で大虐殺が証明されている。何で逮捕しないのか!?」と訴えたら、30分ぐらいして、警備がガラッと変わりました。「石濱さん、昼からどっちに行きましょうか」と言ってくれました。（笑）

「病院攻撃はしていない」と言うイスラエル

イスラエルは、ガザ地区の病院を、逃げ場所がないように潰した。しかし、イスラエルはやっていないと言う。「あれはハマスの連中がミサイルを撃とうとして失敗して落ちたものが燃えた」と言うのです。素人はそれでごまかされるかもしれません。

軍関係者ならわかります。たった一発であそこまで破壊できるのは、空爆用のスマート爆弾です。それを持っているのはアメリカとイスラエルだけです。アレクセイ・レオンコフというロシアの軍事専門家は、映像と音で「これはスマート爆弾でしょう」と言いました。僕らもそう思います。そうでなければ、あれだけの破壊力はない。Ｆ16は、精密誘導弾、スマート爆弾455キロと910キロの両方を搭載しています。これをやられたら、一発で400〜500人は死にます。お医者さんが死んだ。けが人ももちろん死んだ。それを見舞っていた女子供、弱い人たち、看護師さんもみんな死んだ。これこそ戦争犯罪です。

10月17日、イスラエルとの戦闘が続くパレスチナ・ガザ地区でガザ市中心部
のアル・アハリ病院が爆撃を受け約500人が死亡した。

イスラエルはハマス側の武装組織「イスラム聖戦」によるロケット弾発射の失敗が原因として関与を否定

「爆発の威力と映像で聞こえる特徴的な音から判断すれば、この攻撃は米国製のGBU31（編注：誘導爆弾ユニット31）の可能性が高い」
JDAM（Joint Direct Attack Munition、ジェイダム、統合直接攻撃弾）

アレクセイ・レオンコフ
軍事専門家

F16 搭載精密誘導弾
（スマート爆弾）
1000Lb(455Kg)
2000Lb(910Kg)

戦争犯罪だと言われると、イスラエルは「やっていない」と言う。CNNなどのテレビ局は彼らを一生懸命擁護しています。日本のフジテレビ系も、NHKもこれに乗っています。軍人の本当の意見を聞いてみろ。

ハマスが持っている手製のミサイルを撃ち損じたからと言って、1発で500人も吹き飛ばして死亡させる被害が出ますか？ 1発でほとんど殲滅されているのですよ。これを未だに「相手がやっている」と言っているのです。許せない戦争犯罪です。

こういうむごいことを平気でやる。上の写真を見てください。

この直後にイスラエルを訪問した、私がジョーダン・バカデンさんと呼んでいる人は、「冗談は言わないでください」と言って、イスラエル軍の説明に同調しているのです。

ネタニヤフ首相に対して、「爆撃はあなた方ではなく、相手方が引き起こしたようだ。ハマスの攻撃に対しては深い悲しみと憤りを覚える」と言った。

ハマスは、子どもの首を切り取ったりしています。これはテロ行為です。これも戦争犯罪です。戦争犯罪は処罰すれば良いのですが、これを煽っている者がハマスの中にいる。

ハマスと言われても、日本ではよくわからないです。アメリカは、今日も明日も、そして常にイスラエルの側にあると言う。じゃ、お前は犯罪の側にいるんだな、ということです。

アメリカのCNNは「米国の情報機関によると、攻撃は空から行われたものではないと分析している」と報じています。「分析した」とはなっていないのです。

イスラエルは「現場にも爆弾が使用されたことを示すようなクレーターはなかった」という主張を展開しています。そんな爆弾だったら大きな穴が空いているだろうと言うけど、建物を攻撃しているのだから、穴が見えるわけがない。建物を取り除いてごらんなさい。大きな穴が空いているはずです。それがスマート爆弾です。こういうことで我々はだまされるのです。

今回の停戦ができるのは

プーチン大統領は、（2023年）10月18日、中国・北京で新しい会議をやってましたから、その記者会見で病院爆撃について、「悲劇で、人道的大惨劇である」とコメントを出しました。

ウクライナでも、ゼレンスキーの雇っている軍隊によってロシア系住民がやられています。ゼレンスキーというよりもイーホル・コロモイスキーという、ウクライナのユダヤ人協会の会長が、ジョージ・ソロスからカネをもらって、傭兵を雇って人殺しをやっていたのです。「悲劇で人道的大惨劇だから、紛争を終わらさなければならないといいシグナルになれればいいと期待している」ということで、即時停戦しましょうと言った。今回の争いを即時停戦させられる力があるのは、ロシアのプーチン大統領1人でしょう。その次に支援できるのがトルコの大統領ぐらいだと思います。

マリア・ザハロワ報道官は、これまでにスプートニクラジオの番組に出演した中で「攻撃は犯罪です。人間性を失う行為だ」と強く非難しています。「衛星写真を見れば誰が撃ったか明らかだ」と言う。それはそうです。専門家が見て「ハマスの撃った手製のものが失敗して落ちた」とはなりません。ロシアの前大統領、メドベージェフさんも、最終的な責任は戦争でカネ儲けをしている米国にあると指摘しています。これは本当だと思います。世界が賛同すると思

います。

ロシアは双方に即時停戦と交渉の再開を呼びかけている。実際に、国連でロシア外相のセルゲイ・ラブロフさんが呼びかけましたが、アメリカ、イギリス、フランスに拒否されました。日本も拒否した。

プーチン大統領は、これまでに紛争を解決するためには、パレスチナの独立主権国家樹立に関する国連安全保障理事会の決定を履行する必要があるとの考えを示しています。それはなぜか？

ユダヤ人は、イスラエルを追放されてから2000年近く放浪していました。第二次世界大戦の後、パレスチナの土地に、イスラエルという国を建国していいよ、みたいになった。だけど、「建国していいよ」ではなくて、「そこに住んでいいよ」だったのです。その後、争いが起こった。

本来、あの地はイギリスが委任統治をしていました。委任統治というのは、いわゆる植民地です。アジアにやっていた植民地と同じような権限でイギリスがやっていた。ところが、三枚舌外交をやったおかげで苦しくなって、国連に丸投げした。委任統治から国連の信託統治になったときに、ユダヤ人はこちらのエリアに、アラブ系の人たちはあちらのエリアにと分けた。それをなし崩しに破っているのがイスラエルです。パレスチナは元に戻せと言っているのです。

「許されぬ戦争犯罪」空爆された教会にいたのは女性と子供たち！

ガザのギリシャ正教の教会も攻撃されました。ガザ地区のみんなが避難していた。教会内には多くの信者が避難していました。ほとんどが子供と女性です。空爆された教会の修道院には常時400人以上が暮らしていたのです。何人死んでいるかわからない。大司教は生き埋めになった信者を掘り起こすためにブルドーザーの手配を要請しています。誤爆ではない。狙ってやっています。

そして今、地上軍を配置しています。これは私に言わせれば、1人残らず皆殺し作戦をやろうという準備です。

この地図を見ればわかります。イスラエルのウエストバンク（ヨルダン川西岸地域）と言われるところがパレスチナ人の居住区です。もう一つ、南西部の狭いところがガザ地区です。一番狭いところは幅が5キロから6キロのところに223万人ぐらいいる。ここを破られたということで、総攻撃しているわけです。

ガザ地区のテロリストが煽られてやったのは間違いないけれども、私に言わせれば、煽ったやつが間違いなくいます。イスラエルがテロリストを放った。隣にはレバノン、シリアがある。

レバノンには、ヒズボラという、ハマスよりも数十倍強い部隊がいます。ガザ地区がやられているので、ヒズボラがイスラエルへの攻撃を始めたら、イスラエルももちろんヒズボラを攻撃します。第四次中東戦争でやられたシリアも今、引き金に手をかけています。ヨルダンもそうです。エジプトは、仲間が大戦争になるからと黙っています。

レバノンをにらむために、アメリカはテロ発生の翌日には空母ジェラルド・フォードを東地中海へ向かわせました。さらにその翌日には、空母アイゼンハワーを入れています。準備万端です。わかっていたわけです。こういうことを平気でやっている。

「ユダヤ人の歴史」奴隷は増えると殺される!?

ここで、ユダヤ人の歴史を簡単に振り返ってみましょう。

紀元前1300年ごろ、今から約3300年前です。聖書によると、これより100年ぐらい古いことになっていますが、モーセがエジプトを脱出します。なぜ脱出するのか？　エジプトは奴隷を使っています。奴隷国家です。どこの国もそうでした。イスラエル人を奴隷にして連れてきた。

モーセが生まれたとき、奴隷が増え過ぎたというので、王様が「男の赤ん坊はみんな殺せ」という命令を出しました。アラブの王様の言ったことは、その瞬間から規則になります。直ちにやらなきゃいけない。モーセのお母さんは奴隷です。子供が殺されるのがしのびなくて、モーセを舟に乗せて川に浮かべた。

泣いているモーセをエジプトの王族の女性が見つけて育てたのです。

モーセは、物心つく10代後半に、自分が奴隷であることを知りました。また、なぜそうなっているかも知った。十何年か経って、奴隷はまた少し増えている。増えると、ある日、突然殺される。

その恐怖に脅えたモーセは、シナイ半島を通って、アラビア半島に逃げました。

10年ぐらい経ってから、どうなっているかと思って、モーセは戻ってきます。すると、奴隷はもっと増えている。これではいつ殺されるか分からぬということで、奴隷全員にこっそり「私の言うことを聞いて。我々には帰る土地カナンがある。そこには蜂蜜とミルクが流れる山がある」と言いました。

エジプトの王様と兵隊には「兵隊さん、奴隷がまた増え過ぎていますよ。私が責任を持って処分します」と言った。エジプト側を騙したのです。エジプト側は、「そう言われれば増えているな。お前、やってくれるか?」と言った。

エジプト側はモーセが奴隷の男と年寄りだけを殺してくれるのだろうと思っていたのですが、ユダヤ人全員いなくなってしまった。それでびっくりして、兵隊たちはモーセたちの後を追った。モーセは賢いから、海岸沿いを逃げます。こうすれば、馬もラクダも、ぬかるんで追いつけません。しかも、海が割れて、モーセはシナイ半島に逃げる。シナイ半島でも40年間放浪しました。

その前に、モーセは連れてきた奴隷たちに「私たちをつくった神がいる。それを伝えるために私は40日間、山にこもる」と言って、シナイ半島に連れてきた4万人ほどのユダヤ人たちを残して、山にこもりました。モーセは山にこもったまま全然帰ってこない。民は、エジプトから鍋釜を持って、食料も武器も持ってシナイ半島に来ているので、モーセが戻ってこないのを幸いと、「俺たちで別の神様にお願いしよう」と、自分たちで勝手に金を集めて、神様をつくった。

一番働き者で力強い雄牛をつくり、でき上がったころにモーセは山から降りてきます。雄牛を見て、モーセは激怒します。「おまえら、皆殺しだ」と言った。そのとき、モーセの兄貴が「みんな殺しても意味はない。責任者だけ殺そう」と言い、責任者を殺してエルサレムに戻る機会をうかがうことにしました。

その後、シナイ半島を出て、約束の地、カナンに行きます。世界最古の街と言われているエリコ（ジェリコともいう）に向かいました。ジェリコの戦いという言葉を聞いたことがあると思います。ジェリコを1週間取り囲んだのち、中に入っていって、皆殺しにした。聖書の出エジプト記に書いてあります。

紀元前1000年ごろには、ダビデ王国をつくります。ダビデはエルサレムにある墓に眠っています。彼らの先祖です。アッシリアから攻められて、10氏族が逃げ出しました。これが「失われた10支族」です。このうちの1支族が日本に来てるのです。

この後、紀元前600年ごろ、正確には597年ですが、「バビロンの捕囚」

がありました。バビロニアから攻められて、チグリス・ユーフラテス川の下流の方のバグダッドで捕虜になります。そこでまた奴隷生活をすることになった。

537年、今のイラン、ペルシャの王様が立ち上がって、これを解放し、エルサレムに戻って最初にやったのが神殿建設です。彼らがつくった第一神殿は破壊されているので、第二神殿をつくる。ところが、これも東ローマに潰されて、追放されます。西暦70年ごろのことです。それから流浪の民になっているのです。ディアスポラとなって、世界各地に散っている。一番多いのは北ヨーロッパです。ポーランド、ロシアが多い。もちろん、イラクにも行った。

691年、彼らがいなくなった後、イスラム教のアラブが支配します。それが今のパレスチナです。そのときに黄金色に輝いている岩のドームをつくった。これは預言者ムハンマドが昇天したところです。第一神殿が壊され、第二神殿も壊されたその跡地です。

ユダヤ人の歴史

BC1300 エジプト脱出　モーセ　40年間シナイ半島放浪
カナンの地に入り「エリコ(世界最古の町)の戦い」
BC1000年　ダビデ王国
BC700年　消えた10支族(アッシリア)
BC597年　バビロン捕囚(～BC537)
BC586年　第一神殿破壊
70年　イスラエル追放、第二神殿崩壊(東ローマ)
691年　アラブが征服　岩のドーム(黄金寺)
1933年　ナチスによるホロコースト
1947年　パレスチナ分割が国連決議
1948年　イスラエル建国　　第一次中東戦争

ユダヤ人は、第二次世界大戦のあとで、ナチスのホロコーストを大宣伝します。我々は虐待を受けた、虐殺されたと言った。ドイツ人は、負けたので文句を言えないから、彼らはますます図に乗る。

1947年、戦後、パレスチナ分割が国連で決議されました。イギリスの三枚舌外交の責任逃れで、委任統治から国連の信託統治に変えたのです。「俺に責任はないよ」と言うわけです。

旧イスラエルに住んで良いということになったので、イスラエルという国を建国することを翌年1948年に宣言した。そのときに、イスラエルの土地の中で重要なところの6割ぐらいをイスラエル人が取った。

それまで住んでいたパレスチナ人は、4割ぐらいのところに押し込められた。幾ら国連決議でも、それは飲めないということで、第一次中東戦争が始まるわけです。

シオニズムとアリヤー（祖国帰還）そしてパレスチナ問題へ

国をつくったから、みんな帰ってこいと言うのがシオニズムとアリヤーです。シオニズムは、ただ帰るだけではありません。岩のドームという黄金のドーム、そこが自分たちの聖地、すばらしい土地です。そこに神殿を建てるために帰る。それが彼らの使命、シオニズムです。

第一次帰還は、19世紀の終わりころから20世紀の初頭にかけてです。ロシアでユダヤ人に対する虐殺が行われました。これをポグロムといいます。それでユダヤ人たちは新しくつくった国（現イスラエル）に300万人ぐらいが入ってきた。しかし、そのときのユダヤ人は、パレスチナの人たちと仲よく暮らしていたのです。

1904年から14年、第一次世界大戦のさなかにはロシア革命があって、パレスチナの8万5000人がロシアから逃げ出してきた。これが第二次帰還です。

第一次世界大戦中に、バルフォア宣言が

ありました。

イギリスはオスマントルコ帝国と第一次世界大戦中に戦ったものの資金が不足した。それでカネが欲しいものだから、ユダヤ人はカネを持っているというので、イギリスのバルフォア外務大臣が、イギリスの金融グループのネイサン・ロスチャイルドというロスチャイルド家の三男坊に手紙を書いたのです。「あなたたちは嫌われていると思っているかもしれませんが、そんなことはありません。戦費が足りません。カネを出してくれれば、あなたたちの国をつくることを承認します」と言った。これがバルフォア宣言です。これがきっかけで3万5000人が帰ってきた。第三次帰還です。


第四次帰還は、1924年から32年にかけての第二次世界大戦の前です。ポーランドから6万人が帰還した。これだけ集まれば、彼らの本能であるビジネスが開始されます。

1930年、ヒトラー政権になると、16万5000人が逃げてきました。第五次帰還です。完全にユダヤ人社会ができています。そして、1948年、ベングリオンが独立宣言をする。ベングリオンは、ポーランド系のアシュケナージユダヤです。ユダヤ人には、アシュケナージユダヤと、おとなしいユダヤがいます。

第一次中東戦争が始まって、1951年の68万7000人から現在は970万人になっています。第二次中東戦争が行われ、1964年には、パレスチナ解放機構（PLO）にアラファトという議長が生まれて、国としての組織を構築します。そして、第三次中東戦争があり、1973年には第四次中東戦争になる。これは私が自衛隊に入ったばかりのころなので、よく覚えています。

以後、パレスチナへの入植が継続します。アラブ系がコテンコテンに負けるのです。イスラエルが勝つ。カネを集めて、イギリス、アメリカが支援して、最高の武器を揃えていた。

その後、国連で決められたにもかかわらず、勝手にパレスチナ人のところに入っていって、「明日から、ここは自分たちがマンションを建築したり畑を作ったりするんだから、お前たちはここを立ち退け」ということをいきなり行った。そういう非道なことがずっと続いているのです。

パレスチナ人はイスラエル人に毎日殺されている⁉

それに怒ったのがハマスです。これは政党の名前です。パレスチナの国家にはファタハとハマスという2つの政党があります。PLOのアラファトさんはファタハの代表です。ハマスは急進的なので、内部紛争が起こります。会議では解決しないということで、実力行使に出る。パレスチナ人はイスラエル人に毎日殺されています。遊びのように、スポーツのように殺されているのです。

これを言うと、「石濱はパレスチナの肩を持つのか」と言われるのですが、そういうことではなく、ただ事実を私は言っています。

1993年、オスロ合意がありました。カーター大統領時代のときです。たまたまノルウェーの外相で、イスラエルとも仲が良く、パレスチナのアラファト氏とも交流がある人がいました。イスラエルの方では、タカ派ではなくて、ラビン氏が首相になっていた。

ラビン氏というのは、イスラエルで生まれ、イスラエルで育った超有能な軍人で、第一次中東戦争、第二次中東戦争、第三次中東戦争の全部を現場で、兵隊として経験している優秀な方です。

争いでは未来が開けない。バルフォア宣言によってイスラエルの国家樹立が約束される前は、パレスチナ人と一緒に過ごしていたので、平和交渉をしようとした。ところが、1995年11月4日、ラビン首相はイスラエル人青年によって暗殺されます。

イスラエル人の中にはラビン首相の協定がおもしろくない人たちがいた。オスロ合意への抗議デモが起こり、パレスチナへの銃撃が始まった。そういう中でラビン氏は暗殺されたのです。

ハマスの中にイスラエルから雇われたテロリストがいる⁉

国連によるパレスチナ国家が正式に承認されるのは２０１２年です。73年の第四次中東戦争の後、オブザーバー団体として国連に加盟します。しかし国家承認はまだ行われていません。２０１２年になって、やっとオブザーバー国家として承認されます。

今、日本はパレスチナを承認していません。１３８カ国は承認しています。ところが、欧米を中心としたイスラエル側の55カ国が承認していない。日本もこの中に含まれています。日本の外務省は将来の承認を予定した「自治区」と

パレスチナ国家承認

【国連による承認】
1974年　パレスチナ解放機構（PLO）が国連加盟（オブザーバー団体）
2012年　国家承認（オブザーバー国家）

承認国　138カ国
非承認　55カ国（日本を含む欧米）
日本は『将来の承認を予定した自治区』

しています。

だから、他の国はこの代表を「大統領」と言っていますが、日本は「議長」と呼んでいるのです。

実際、彼らのパレスチナ政権はハマス（変革と改革）とファタハに分かれています。ファタハは穏健派と言われる、アラファト氏が中心になっていたところです。でも、選挙を行うとハマスが勝った。70以上の議席をハマスが獲得した。

ハマスはテロリストだと言いますが、一つの国家です。もしも、イスラエルの中に入っているとすれば、これは交戦が当然認められるべき団体です。だから、簡単にテロリスト国家と呼ぶには早過ぎる。ただし、議席の中にテロリストがいることは間違いなく、彼らは煽られている。誰が煽っているのか？　それは誰にとって都合が良いのか？　を考えれば、わかります。

イスラエルから雇われた煽り屋です。その中にテロリストが入っている。そうでなければ、あれだけの武器を集めることはできないからです。

中東地域を支配したいイギリスの三枚舌外交

イギリスの三枚舌外交を見てみましょう。1915年ですから、第一次世界大戦の真っ最中です。

オスマントルコ帝国を破るために、イギリスの配下にあるアラブ人を味方にしたかった。

中東地域支配の英国の三枚舌外交

1915年	フセイン・マクマホン協定 アラブ人に独立国約束
1916年	サイクス・ピコ協定 英仏による分割支配（秘密協定）
1917年	バルフォア宣言 ユダヤ人の国の建設支持

『アラビアのロレンス』という映画を見たことがあると思います。ロレンスはイギリス人のスパイです。アラブ人は白人を絶対信用しなかったが、ロレンスは徹底的に部族の中に入り込んでいって、日本で言う肝《かん》胆《たん》相照らす仲になった。

「お前は白人の割に白人を憎んで、俺たちとうまくやってくれている。俺たちの仲間だ」と気を許した。そのときに「あなたたちがオスマントルコに抵抗して立ち上がってくれたら、イギリスがアラブの国家独立を約束してくれるよ」と言った。

それがフセイン・マクマホン協定です。

「そうなのか。じゃあ、俺たちの独立のた

めに戦おう」とアラブ人は第一次世界大戦のときに立ち上がった。

今回、同じことをISISがやっています。クルド人という、今、日本に来て問題ばかりを起こしてる人たちがいますね。クルド人というのは全世界で5000万人くらいいます。クルドの人たちが住んでいる場所からは、クルドオイルという品質の良いオイルが出るのです。その地域をイギリスとフランスが密約で線引きして分割し、彼らの国を認めない。

だから今、クルド人はトルコの東側で共産ゲリラみたいに活動している。これと同じことをイギリスは当時のアラブ人に対して行ったのです。住んでいたアラブ人は最初は喜んでいたけど、結局裏切られたのが、今のイスラエル地方のアラブ人です。

翌年の1916年には、サイクス・ピコ協定ができます。フランスの外交官とイギリスの中東専門家がロシアで秘密協定を結んだ。勝ったらオスマントルコ帝国をこのように線引きをしようと密かに決めたのです。
あの国境線は直線になっていますね。彼らが勝手にそうしたのです。イギリス、フランスは、アフリカに対しても同じことをやっています。利権取りのために暴力団も使っています。人殺し集団を雇っているのです。

イギリスとフランスによる秘密協定で分割し合ったのち、問題のバルフォア宣言が出された。イギリスのバルフォア外務大臣がロスチャイルド卿に、資金提供してくれ、協力してくれ、「あなたたちの国の建設を支持する」と言ったので、ロスチャイルドは喜んでカネを出した。それが今に繋《つな》がっています。しかし、委任統治から独立までちゃんとやらずに、途中で国連に放り投げていますす。これは有名な話です。

イスラエル政府の新たな入植地承認

その後、イスラエルのネタニヤフ首相がヨルダン川西岸のパレスチナ自治区を占領して、2023年2月12日に新たに9カ所のユダヤ人入植地をイスラエルが勝手に承認したのです。これに対して、英国、フランス、ドイツ、イタリア、アメリカの外相らは、2023年2月14日、非難する決議を発表した。

これ以上、戦争が拡大してはまずいからです。しかし、イスラエルは勝手に建設を進めています。

共同声明で、5カ国外相は「イスラエル人とパレスチナ人の緊張を悪化させ、交渉による2国家間解決を達成するための努力を損ねることにつながらない一方的な行動に強く反対する」としています。カナダ政府もこれに続いたけれど、それでも最後はみんなイスラエルの味方につくでしょう。

現実的には何も動いていません。僕はリップサービスだと見ています。

ガザ地区封じ込めとヨルダン川西岸への入植

今、どういうことが起こっているのか？

今年（２０２３年）に入って入植が進んでいます。今回の10月7日の攻撃の前、パレスチナ人が２０００年前から住んでいる土地を突然襲撃されます。武装した入植者が入ってきて、町を襲って住民を追い出したのです。追い出したうえに、襲撃者たちは長い棒で家の中を荒らし、その後、火をつけた。

焼け落ちた瓦礫の中で住民は立ち尽くしています。次ページ上は6月22日、朝日新聞デジタルの有料記事から写真を引用しています。中はこのとおりです。

彼らは、襲った後、必ず火をつけます。聖書の教えだからです。

では、占領地にされたらどんなことになるのか？　そこには谷間があります。砂漠地帯なので、川の側は命の源です。

ヨルダン渓谷にあるユダヤ人入植地の一つ、ナーマというところには150人のイスラエルの入植者が住みつきました。唯一の水源である地下水を大量に汲み上げて、入植地の農場は急拡大しています。入植者のギル・ルーゼンブルムさんは、お父さんが入植して開拓した農場を10ヘクタールまで拡大し、輸出用のバジルを生産しています。

アメリカは入植を容認していますから、今後は何の憂いもなくこの地で農業を続けることができると満面の笑みを浮かべています。しかし、僕に言わせれば、奪った土地です。国際社会から見ても同じでしょう。

奪われた側、ヨルダン渓谷にあるパレスチナのアウジャ村の村長さんは、アメリカの方針転換がイスラエルの違法行為に拍車をかけると警戒しています。サラハさんは、かつてバナナ農園を経営して、外国にバナナを輸出していました。今回、水源地を奪われて、干上がったために、農業を断念しました。もともと住んでいたパレスチナの人たちは、このようにして仕事を失ってきました。仕事がない人たちはどこにいるか？　というと、壁の外のイスラエルに頭を下げて、働いているのです。食べていけないから仕方なくて、イスラエルの会社に働きに行くわけです。

自分たちを追い払い、土地を奪った相手のところで働かなければいけない。しかも「安い賃金で」です。奴隷ですね。人間としては最大の侮辱を受けていると思います。
現実には、このような悲しい事情があるのです。
善悪で判断してはいけないと思いますが、これは文化の事実です。文化の違いといえども、日本人には到底容認できるような価値観ではない。

イスラエルのユダヤ人は、世界からいかなる非難を受けても植民地を広げていきます。それが彼らの業《ごう》なのです。業というのは、仏教語で「カルマ」ともいいます。すなわち、生きていく手段です。ユダヤ人がこの地球上で生きていくためには、常に相手から強奪して、殲滅する。その根源が実は聖書にあります。

私の勉強会で、4時間を8回やった最初から最後まで聞いている真面目な牧師さんに時々「出エジプト記でこんなことがありましたね?」と聞くと、「はい」と言います。聖書に書いてあるから、ごまかすことも逃げることもできないのです。

岩のドームの隣、イスラム教徒だけが入れる聖地中の聖地

「アル・アクサ・モスク」にイスラエルの大臣が……。

ユダヤ人のアル・アクサ・モスクは岩のドームの隣にあります。本来はイスラム教徒だけが入れる場所です。ところが、イスラエルに占領されています。

第一神殿、第二神殿が破壊されたと先ほど申し上げました。2000年の間、待ちながら準備をしてきたのです。

99個の器物、自分たちがつくる第三神殿の中で使う器具はできましたが、その完成前に楽器（竪琴）、刺しゅうの入った祭祀長の服、純金製の7本の燭台メノラーと9本のハヌッキーヤーもつくらなければいけない。この10年で準備は整った。メシアが来るまでに時間はない。大至急これをやらなければいけな

いと言っているのが、神殿の丘へリテージ財団、ユダヤ教のラビ、ダラス神学校の教授、タルボット神学校の教授です。聖書にそう書いてあるからです。

そして、昨年イスラエルの大臣でユダヤ勢力党のイタマール・ベン・グヴィール党首が、アル・アクサ・モスクの中庭に入りました。1月3日の早朝です。彼はユダヤ教のラビです。もちろん、イスラムへの冒瀆《ぼうとく》です。

時が近いからやるぞと言っている。後ろには岩のドームが見えます。アル・アクサ・モスクという名前は覚えておいてください。

ハマスが「アル・アクサ洪水作戦」と言っていたのは、汚されたところを洪水で洗い流すという意味です。このように解説しているものはあまりありません。信仰体験者でないと、この価値はわからないと思います。

今、日本人は仏教を失い、惟神《かんながら》を失い、形骸化して、ほとんどは宗教心がない。インチキ宗教にハマるだけ。

「私は、いきなりキリストが降りてきて、ブッダも降りてきました。上ではキリスト教のヤーベの神も仏様も、元は一緒でした」と言うのとは、まるきり違います。

「宗教」という言葉は日本人が作りました。彼らは「宗教」とは言いません。自分の信ずる神との契約ですから、レリジョンです。英語には宗教という概念がないのです。宗教と言うのは、最も正しくすばらしい教えのことです。真理を説く教えのことを宗教と言うのです。仏教は、真理を求めるので、宗教と言うのです。いろいろな教えがある中で、真理のすばらしさを教えている。

人間は皆、信仰心を持っています。猿は持っていません。一生懸命、手を合わせて、「猿生が一生うまくいきますように。おカネ持ちになれますように。綺麗な雌猿と結婚できますように」と一生懸命に拝んでいるチンパンジーの姿を見たことがありますか？　ないでしょう。

信仰心は人間だけが持っている。信仰心があるから、いろいろな新しい文化の発達がある。願いがあって、そこに到達しようとする。間違ったものを信仰していけば、間違った方に行く。

だから、彼らは宗教とは言わないのです。「私の選んだ神との契約」と言います。日本人にはこれがなかなか分からない。信仰している人が少ないからです。信仰のフリをしている人はいます。つまらないものにハマッてスピリチュアルだと言ってごまかしている人もいるけれど、あんなものは宗教ではありません。

（2023年）10月3日、襲われる4日前、イスラエルの右派、国家安全保障大臣イタマール・ベン・グヴィールは、議会のクネセトと国家安全保障内閣に対し、神殿の丘を24時間365日ユダヤ人に開放することを緊急に検討するよう求めました。

ハマスが立ち上がるのは当たり前です。普通に信仰経験のある人であれば、理解できることです。ところが、この解説を誰もあまりしていません。

あそこを汚した！　大変だ！　ハマスがとんでもないことをやって人質を持っていった！　子どもを殺した！　ということばかりを伝えている。これでは本質を見抜けません。

ユダヤ第三神殿づくりは、間違いなく最終戦争を引き起こす！

過去からの第一神殿、第二神殿のことがあり、第三神殿をつくらなければいけないというのでイスラエル人は焦っているのです。最後のとき、メシアが出現するときを待っている。第三神殿づくりは最終戦争へということになる。

それぞれの神様はレリジョンです。宗教ではない。信仰団体です。主は「私と契約したイスラエルの民よ。そこに行って、壊された第一神殿、第二神殿と同じ位置に私の神殿を建てろ」と言った。これはアル・アクサ・モスクと岩のドームの破壊を意味します。

これをどうしますか？　戦争が起こったら、どうしようもない。これをやられたら、周りの国は全て参戦せざるを得ない。イランも参戦してきます。サウジアラビアも参戦せざるを得ません。第三神殿づくりは、大患難（最終戦争）となる。それでもユダヤ人は建設へ進むのです。聖書の預言の中に「大患難の間にメシアが来られる。そのときには第三神殿がなければいけない」とあるからです。

これが分からないと、今回の出来事、次の戦争の意味が分からない。大患難の間にメシアが来られます。それまでに第三神殿がないといけない。彼らは２０００年も待っていたのですから。

私は全ての日本人に分かって目覚めてもらいたい。

生き残れるのは世界で2割と言われています。それぐらいの大きな戦争になる。それほど大患難（最大の苦難の時）です。


今、それが行われているのです。人口削減計画で遺伝子組み換えの殺人注射を打たれています。これを否定する人は、私の前で否定してみてください。しかも、死んでいく人間からお宝を奪うために、カネを大量に出させています。

今、世界はみんな殺人注射に気づいて、打つことをやめています。日本は、6回目、7回目まで打っています。

知的レベルが追いつかないのと同時に、聞く耳を持たないからです。心がゆがんでいる。素直な心がなくて、思い込みでマスコミの情報に乗っている。かわいそうです。

自分の家族が死んだり、自分が苦しんだりしても、遺伝子組み換えですから、ほとんど治らない。お医者さんがいろいろな証拠を出して、救済処置を行っていますが、私に言わせれば手遅れです。なぜその前に言わなかったのか？

私は最初から叫んでいました。遺伝子組み換えでこれだけの証拠がある！　危険だ！　打ってはダメ！　殺人注射ですよ！　と言ってきた。

聖書トーラーの民数記は、モーセの五書の中の一つです。この第33章55節に、「イスラエルの敵の住民、周りのアラブ人を残せば、彼らはあなた方（ユダヤ人）の目にとげとなり、脇腹に棘《いばら》となり、彼らはあなた方の住むその土地で、あなた方を悩ますようになる」とあります。

では、どうすればいいのか？　皆殺しにしなさいと言っている。二度と入れないように皆殺しにして火をつけなさいと、聖書の中で述べている。

皆さんはこれを信じるかどうか分かりませんが、アメリカが独立戦争に勝って、英雄ジョージ・ワシントンは、初代大統領として、建国1回目の署名の中に、ロングアイランドにいるオオカミとインディアンは邪魔だから皆殺しにしろという書面にサインしているのです。ロングアイランドというのは、ニューヨークの真東に180キロほど連なった島で、比較的住みやすい場所です。

そこにはオオカミもいたし、インディアンが何種族もいました。

署名は歴代の大統領がしています。南北戦争で奴隷解放をやったリンカーン大統領も、インディアンを皆殺しにしろという書面に署名をしています。それが彼らの文化なのです。全ては聖書から来ているのです。

私が聖書と最初にぶつかったのは中学生の時です。高校生の時は、近くの牧師さんと何度も討論しました。これは日本人には訳のわからない価値観です。

エホバの証人は、それをよく表しています。間もなく終末が来るというので、子どもの手を引いて、女の人がエホバを待っている。「ものみの塔」というの

【ユダヤ教】
全知全能の唯一神 ヤハウェ(ヤーベ)への信仰
紀元前1450年(聖書)史的前1250年
預言者モーセの五書 (旧約聖書)

【キリスト教】
神の子イエスが救世主(新約聖書)

【イスラム教】
唯一絶対神 アッラーへの信仰(クルアーン)
最後の預言者ムハンマド(西暦610年ごろ)

を出していますが、まさに「終末期の最終戦争が起こって、救い主のヤハベがお迎えに来る」これを言っているのです。

ユダヤ教も同じです。全知全能の唯一神、ヤハウェ(ヤーベ)の神への信仰がユダヤ教です。聖書では紀元前1450年ということになっている。預言者モーセの五書の中の旧約聖書、歴史的な検証では1250年です。

キリスト教では、神の子イエスが救世主である。新約聖書は、主なる神と、聖霊と、神の子イエスの三位一体説です。日本で言う神の権現様です。だけど、イスラム教で

一神教：天地創造神・全知全能
（他の神を信仰すると厳罰）

聖書
（タナハ、旧約・新約・クルアーン啓典）

【愛欲⇔憎悪：嫉妬】

は、イエスは預言者の1人です。

イスラム教は、唯一、絶対神アッラーがいて、それを信仰することをクルアーンと言います。そのクルアーンの中で、最後の預言者ムハンマドが西暦610年ごろに出ます。ですが、中には全部同じようなことが書いてあります。

さらに、彼らは一神教です。自分が信じた神様以外は信じてはいけない。

天地創造神・全知全能、他の神を信仰すると、厳罰がある。

仏教に厳罰はありません。バチが当たると言いますけれど、バチを当てる仏様などはいない。

「そんなことをしたら失敗するよ。自分の業に従って、因果応報で悪い報いを受けるよ」ということは教えますが、仏様が「これはバチ。お前を殺す」などと言うことはない。

仏様と仏教徒を守るための守護神として、仁王が仁王門に立って邪鬼を踏みつけている。よこしまな心を潰している。そういうものは刀で斬ってしまえと言うことはありますが、仏様が命を取ることはない。

第五章

聖書とコーランの文化に慈悲心なし！

皆殺しにしないと神に罰せられる⁉

聖書・一神教の愛は、愛欲の愛、憎悪と嫉妬《しっと》の裏返しです！

聖書にある愛というのは、「愛欲」の愛です。憎悪と嫉妬の裏返しです。

仏教の愛は「慈愛と悲愛、慈悲」の愛です。子供がどんなにいたずらをしようが、悪いことをしようが、殴られて帰ってきたら、お母さんは「かわいそうね」と言う。これが悲愛です。

お父さんは、子供を躾けないといけないと言うので、「何でそうなったの？おまえが悪い」と言って、バシっと叱る。これが慈愛です。相手のことを思って言うのです。

「愛」という字は、日本では「おもう」とも読みます。「愛う」と書きます。

一神教の愛は、ラブです。愛欲です。同じ字で違うのです。日本で言う「愛」は、西郷隆盛の敬天愛人の「愛」です。人を愛するというのは、人を真心から思いやるということです。

母親が作業をしている間に、「子供は寝ているかな？　大丈夫かな？　目が覚めてお腹がすいて、泣いているんじゃないかな？」と常に思いやる。これが「愛う」ということです。

慈悲心を持って思うことを日本では「愛」と言います。ところが、今の若い人たちは分からないから、愛欲をラブだと思っている。

愛の力はすごい、許すことが大事だと言っている人がいっぱいいます。「日本人は虐殺された。本来は損害賠償請求して相手を罰しなければいけないのに、相手を許しましょう、それが愛です」とごまかされていると私は考えています。

訳知り顔で「愛」を語る人は非常に多いです。

フリーメーソンの人たちは「友愛」という言葉で「愛」を使っています。これは相手を油断させるために使う言葉であると、フリーメーソンの文書にははっきり書いている。

彼らは、自分の家族を愛欲で愛しますが、抵抗した者、反逆した者は憎悪と嫉妬で向き合います。

日本の愛は、あなたを思う、この人を思う、かわいそうに思う。思いやりの「思う」が古来の日本の「愛」の読み方です。

古来、一神教では人身売買も当然のごとくありました。女性はほとんど商品です。

コーランに記されていること

イスラム教の啓典に、「イエスは預言者」とあります。ムハンマドと同じだというのです。十字架にかかったのは、実はかえ玉だと言っています。青森県にはイエスの墓があります。当時のユダヤ人が日本に来ていることは間違いないのです。

先日、田中英道先生と千葉県の芝山古墳に一緒に行って話をしました。田中先生のお母さんは鹿児島出身で、私の父も鹿児島出身です。芝山古墳に出てくるのはユダヤ人の埴輪です。

消えた10支族が来ていると私は考えています。それは史実だと思う。ただし、日本に来たユダヤ人は、これらの思想を全部捨てています。だから、聖徳太子のときに争いになったのです。

啓典の5章には、アッラーは復讐の神だとあります。「アッラーを信じてムスリムに入ったら、出るときは復讐される。恐ろしい復讐の神だ」とコーランの3章3節に書いています。
神の命令に逆らえば、地獄に行ってしまうので、彼らは逆らうことができません。

弓で相手を射殺するとき、人には必ずかわいそうだ、とか、どうして子供を殺さないといけないのか？　という気持ちが心のどこかにある。しかし「射殺したのは、お前ではない。アッラーの神の思し召しだ」となるのです。啓典の8章17節にあります。聖典ですから、神の言葉です。

統一教会は出エジプト記を利用した

旧約聖書の出エジプト記34章14節には、「ほかの神を拝むと、メシアは嫉妬する」と書いてあります。同じく出エジプト記20章第5節には「メシアを憎む者は、その罪は親子3代から4代に報われる」とある。不幸になると言っている。これを利用したのが統一教会です。セックス教団です。
「あなたの先祖はこういう悪いことをしたから、私たちの教団に寄付すれば救われる。あなたは今、病気で苦しんでいる。けがして苦しんでいる。親がそういうことをしたから、親子3代、4代続けてその報いを受けているのです。助かる方法があります。あなたの全財産をこちらに寄付しなさい」というのが霊感商法です。

もともと統一教会は、キリスト教のフリをした、女子大の助教授にもなっていない講師が始めたのです。女子大生に「おまえたちは罪ある人たちの生まれ変わりだ。私とセックスすることによって清らかになる」とセックスしまくった。「私にもしてください」と皆集まった。それを見て、文鮮明が来て、教団の主は死んでしまいます。跡を継ぐのが文鮮明で、それを利用したのがKCIAです。KCIAを指導したのはCIAです。そして、日本人からカネを奪うことにした。

教祖様は韓国で簡単に人を集める。貧乏人の百姓たちに、「おまえたちが私のところに入信すれば、日本からカネ持ちのきれいな女の人が嫁さんに来ますよ」と言う。それで集団結婚式を挙げるのです。

ヨシュアの踏む（行くところ全ての）土地を与える

ヨシュア記に書いてあることも重要です。ヨシュアの踏む土地を与えるというのです。預言とは、神の言葉を預かるということです。未来を予測する予言ではない。預言者の言葉は神の言葉です。

今回、戦争になっているのは、民数記の第34章とエゼキエル書の第47章、現在のイスラエルの地及びその周辺の全ての土地。ヨシュアの踏むところ、行くところは全部神が「あなたは行っていいよ。おまえの土地だよ」と言ったのです。好きなだけ行っていい。ヨシュアが行くところは全部イスラエル人のものというのは、そこに住んでいる者は皆殺しにしなさいということが裏にあるのです。

コーランも、17章104節に「この地に行きなさい」とあります。だから、蜂蜜とミルクの流れる約束の地に行く。この理解がないと、今回の最終戦争の意味はわからないと思います。

虐殺し殲滅し略奪し、その後に火をつけ焼き払う――

これこそが聖書の文化なのです！

ヨシュア記の第6章21節に出てくる町、エリコは、歴史上一番古い町と言われています。イスラエルは、アフリカ大陸とアジアとヨーロッパの中間点です。

紀元前から商売の中心点です。

1万年前の、おカネができたときからある一番古い町ジェリコ（エリコ）にある者、老人も若者も、男も女も、赤ん坊も、牛も羊もロバも、ことごとく剣にかけて滅ぼし、最後は火で町と全てのものを焼いた。必ず焼く。それがジェリコの戦いです。最初の戦いです。

これだけでは済みません。次に、アイという町を襲って失敗しました。

ヨシュア記第8章1節、27節に書いてあります。ヨシュアは言います。「神様の命令どおり、アイという町を襲ったのに、なぜ今回は完全に征服できなかったのか?」と聞くと、神は、「アカンという男が約束を破って、戦いの途中に強奪した戦利品を自分で隠して持ってきたからだ」と言います。

「そうだったのか、わかった。アカンとその家族を全部ここに並べろ」と言い、皆でアカンとその家族を石打ちで殺しました。

今でもイスラムの世界には石を投げて殺す場があります。メッカの周りを歩いて回った後、悪いことをした者に皆で石を投げて殺す。

イスラム教の世界では、不義密通《ふぎみっつう》（＝不倫）をした者や敵の部族と結婚した者は見せしめに連れてこられて、皆で石を投げて殺します。

「家族全員、石を投げて打ち殺し、火で焼いた」と聖書に書いてある。

僕の勉強会に来る女性の外国人の神父さんは、私が「こんな時代で」と言うと、「石濱さん、そういう人は一族六親等まで皆殺しにしなきゃいけない」と言います。エーッ!?　です。女性の神父さんが言うのですよ！　でも、これを見るとその通りです。

その後、アイという何もしていない町に攻め上り、滅ぼした。神は「滅ぼした後は、全ての戦利品を奪え。お前たちのものだ」と言う。1日で1万2000人を全滅させたといいます。

ヨシュア記というのは、実はモーセ五書に入っていません。6番目の書です。後から作られた可能性が大きいのです。

その日、ヨシュアはマッケダという町を取りました。剣を持って、その王を撃ち殺した。叩き殺したのです。マッケダの全ての人をことごとく滅ぼした。マッケダ王にもエリコの王にしたのと同じようにした。虐殺し、皆殺しにして、略奪した後、放火しているのです。先ほど放火した写真をお見せしました。今でも同じことをやっているのです。それがイスラエルのやることです。聖書に忠実なのです。

こうしてヨシュアはその地の全て、ゲネブ山、平地、谷、山腹の地と、全ての王たちを撃ち滅ぼして、一人も残さず、息あるものは家畜もことごとく滅ぼした。虐殺、殲滅、略奪、放火です。そしてガザまで行きます。

ガザという名前はヨシュア記10章41節に書いてあります。ヨシュアというのはモーセの一番弟子です。カデシ・バルネア（砂漠の谷の水が得られる肥沃な大地）からガザまでの国々及びゴセンの全ての地を撃ち滅ぼして、ギベオンまで及んだ。ギベオンという国も虐殺・殲滅・略奪・放火をした。

普通の人は、ギベオンまで来ると、何のことか分からないのですが、ヨシュア記の10章の第1節から第5節に書いてあります。ギベオンというのは、ヒビ人が作っていた国です。

ヒビ人は、ユダヤ人、イスラエル人がどんどん攻めてくるので、やられる前にイスラエル人に近づいて、「私は遠くから来たんです」と言い、ボロボロの格好をして、ユダヤ人のヨシュアに「私はあなたの奴隷になりますから、殺さないでください」と言いに行きました。降伏した。生き残るためです。

しかし、他のアラブ人からは「あいつらは裏切りやがった」と責められた。最後は、このギベオンまで皆殺しにします。慈悲心は全くない。聖書に書いてあるので、この通りにしなければいけない。これがイスラエルの作戦です。

ヨシュア記の11章20節には、彼らがなぜギベオンの民まで殺してしまったのか？　という言い訳が書いてあります。

「彼らが心を頑なにして、イスラエルに攻め寄せたのは……」とあるのですが、攻めてなどいません。防衛しただけです。ほかのアラブ諸国も同じです。

もともとメシアがそうさせられたので、彼らが詛《のろ》われた者となり、憐れみを受けることなく、ことごとく滅ぼされるためであったと、勝手に理由をつけているのです。

ヨシュアが行く先々で、全ての人々を虐殺・殲滅し、略奪・放火をするのは全てメシアの意志です。これに逆らってはいけないのです。逆らうと、自分がメシアの詛い、恨み、嫉妬を買う。

原文では「I am a jealousy God」とあります。俺は嫉妬深い神だ。お前らは俺と契約したんだということです。

彼らの根本的な文化・価値観は、常に相手のものを奪う。騙して、すり寄って、奪って、殺して、最後は火で焼いて、根絶やしにする文化なのです。これは日本人には想像もつきません。

申命記の第32章では、「私は敵に仇《あだ》を返し、私を憎む者に報復するであろう。逆らうものは全て虐殺・殲滅する」と神が言っているのです。「私」とはメシアです。

イスラエルの民はこの神と契約しています。やらないと自分が地獄に行きますから、やるのです。「よくやった、よくやった」と言われたい。だから、今でもスカル・アンド・ボーンズが残っています。スカル・アンド・ボーンズというのは秘密結社で、海賊のマークです。相手を撃ち殺して宝を奪う。彼らの世界では英雄の印です。

ディズニーランドに行くと、海賊船がありますね。子どもたちにとっては英雄です。相手を討ち滅ぼして、皆殺しにして、宝を奪い、持って帰ったら英雄です。日本人の文化とは全く違います。

申命記の32章第42節には、「私の矢を血に酔わせろ」とあります。敵を探してどんどん殺せ。「私の剣に肉を食らわせるであろう。殺された者と捕らえられた者の血を飲ませ」、捕らえたら必ず殺せということです。「敵の長髪の頭の肉を食らわせるであろう」というのがモーセの五書の申命記に書いてあります。これと契約しているのが彼らです。

アインシュタインは、しっかりしたユダヤ教の中で育っているのですが、同じユダヤ人の哲学者であり友達のエリック・グートキンドに向けて送った手紙にこう書いています。

2012年10月8日、この手紙がインターネット競売イーベイでオークションに出されました。

その手紙には「神という言葉は、私にとって人間の弱さの表現と産物にすぎません。聖書は名誉ある原始的な伝説のコレクションですが、それでもかなり幼稚です。私にとって、他の全ての宗教（religion）と同様に、ユダヤ教は最も幼稚な迷信の化身です」と書いてある。

この手紙が表に出たら、彼らは非常に都合が悪いわけです。

誰が作ったのか？　こんなものが流行っています。

アインシュタインが自分の娘に向かって、「色んなことがあるけれども、宇宙で一番強いエネルギーは愛のエネルギーだ」と書いた手紙を送ったというのです。彼が特殊相対性理論の中で語っている、エネルギー（E）は質量（m）×光の速さ（c）の2乗（$E=mc^2$）をもじって、

「愛の力は光の速さの2乗倍だ。どんな悪いことがあっても、お前の愛の力で平和にできる」

とアインシュタインは娘に手紙を書いたというのですが、私はそんな手紙を見たことがない。グートキンドの手紙に対抗するように、誰かが作ったのです

ね。

それをマスコミで流しているから、いろいろな人が引っかかって「そうか、だから日本人は虐殺されても、虐殺されても、愛で許しましょう」と言う。

第六章

今、日本は滅びかけています！

なぜ日防隊が緊急に必要か⁉

罪は罰しなければいけない。「すみません。悪かったです。ごめんなさい」と言えば日本人は許します。それは仏教の精神です。

謝りもしないのに、「親父が殺された。おふくろも殺された。子供も殺された。孫も殺された。みんな殺されたけれども、愛はすごい。愛で許しましょう」と言われて、「そうですね」と誰が思いますか⁇

ある記録によると、原爆を落とされた時に、死にかけた女の人が「兵隊さん、必ず仇《かたき》をとってください」と言った。

日本には敵討《かたきう》ちの文化があります。悪い者に対しては、敵討ちが許可される。しかし、彼らは倍返しする。日本に立ち上がってもらっては困る。倍返しされては困るから、二度とアメリカ側に立ち向かわないように、軍隊を日本中に配置して、ウォー・ギルト・インフォメーション・プログラムで、日本人はバカになれ、バカになれ、もっとバカになれという教育をずっとやってきました。その先陣を切っているのが日教組です。

今、日本は滅ぼされかけています。これに気づいた人は私と一緒に、自分たちで近所に日防隊を作ってもらいたい。同じ日本人を守ってもらいたい。

今、彼らの手先になっている反日の日本人は、ほとんどは半島系の人です。半島系の政治家を全部一掃しなければなりません。その下で動いている高級官僚も同じです。

東京都庁にも、半島系が何百人いるのか分かりません。NHKには1000人も入っています。川崎市には400人が入っています。国籍を移していない者も入っています。

彼らは生活保護を受けています。

生活保護者は月50万円もらっています。年間600万円で無税です。

東京都はもっとすごいです。中国人が来たら、黙って1500万円を去年（2022年）の6月から渡しています。日本人には1円も出しません。なぜか？　東京都知事も朝鮮人だからです。これに気づくべきです。

日本人の学生がヒーヒー言って、給食以外は満足に食べられない子供が7人に1人いるこのご時世に、中国から来た留学生には優遇策をとって、生活費まで渡している。おかしいと思って一緒に立ち上がってもらわないと、もう後がありません。

彼らの文化を知らないといけないということで、私は3年半、勉強会を行っています。

最初にジェリコの戦いの話を出し、最後は「文化の違いです。皆さん、聖書を読んでください」と言います。善悪で判断するな！　と、反発するバカがいます。知ったかぶりの日本人が反発するのです。「私は東大を出ています」「アメリカのハーバードを出ました」と言う人がいるのですが、それがどうした⁇　ノーベル文学賞を取ったのはみんな反日です。書いてあることをよく見てください。

副島隆彦さんという優秀な論客がいます。彼の分析は非常にすばらしいですが、結論はこうです。

私は「中国が攻めてきたらどうするんですか？　それには何もおっしゃっていませんね？」と言った。

「あなたはどうするんですか？」と聞くので、「戦うんですよ」と言うと、「あんたみたいな人がいるから戦争になるんだ。来たら黙って静かに目をつぶって大人しくしていれば、何もされない」と言う。

それは見識違いです。歴史を知らない。全て奪われて、殺されます。それをやられているのが今のチベットであり、ウイグルです。副島さん、考え直してください。

中国も同じこの思想です。大陸は皆この思想です。モンゴルも朝鮮もそうです。そうでないと生き残ってこれなかった。

日本は、幸せかな、地政学的に周りを海に囲まれていた。昔は武力を整えていました。蒙古もやっつけた。薩摩の国、大隅の国、日向の国、琉球の国と、全部それぞれが独立していて、一人一人に国を守るという意識が強かった。武力を蓄えないと生きていけなかった。それだけでなくて、日本の場合は一人一人に生き抜くための躾け教育をした。だから、鬼畜米英と言ったのです。

日本は、仏教を取り入れて国家創り

ユダヤ人系と思われる聖徳太子が外道(一神教)を捨てて仏道を選んだ

仏陀とは覚者(真理を覚った者)

五戒：

不殺生戒：殺すな、殺させるな

不偸盗戒：盗むな、盗ませるな

不邪淫戒：邪な姦淫(強姦)するな、させるな

不妄語戒：嘘をつくな、つかせるな

不飲酒戒：不要な酒を飲むな、飲ますな

ところが、明治帝になってから入れ替えられて、戦争に次ぐ戦争をやらされた。それで日本はおかしくなっているのです。

日本という土地は地政学的に世界中が欲しがる土地です。豊かな山と、若干の平地と、海に囲まれて、山の水は大体飲めます。世界中でそのまま飲める水が出る国は10カ国ぐらいしかないのです。

奪え、奪えの文化を捨てて

日本は、仏教を取り入れた国家づくりを

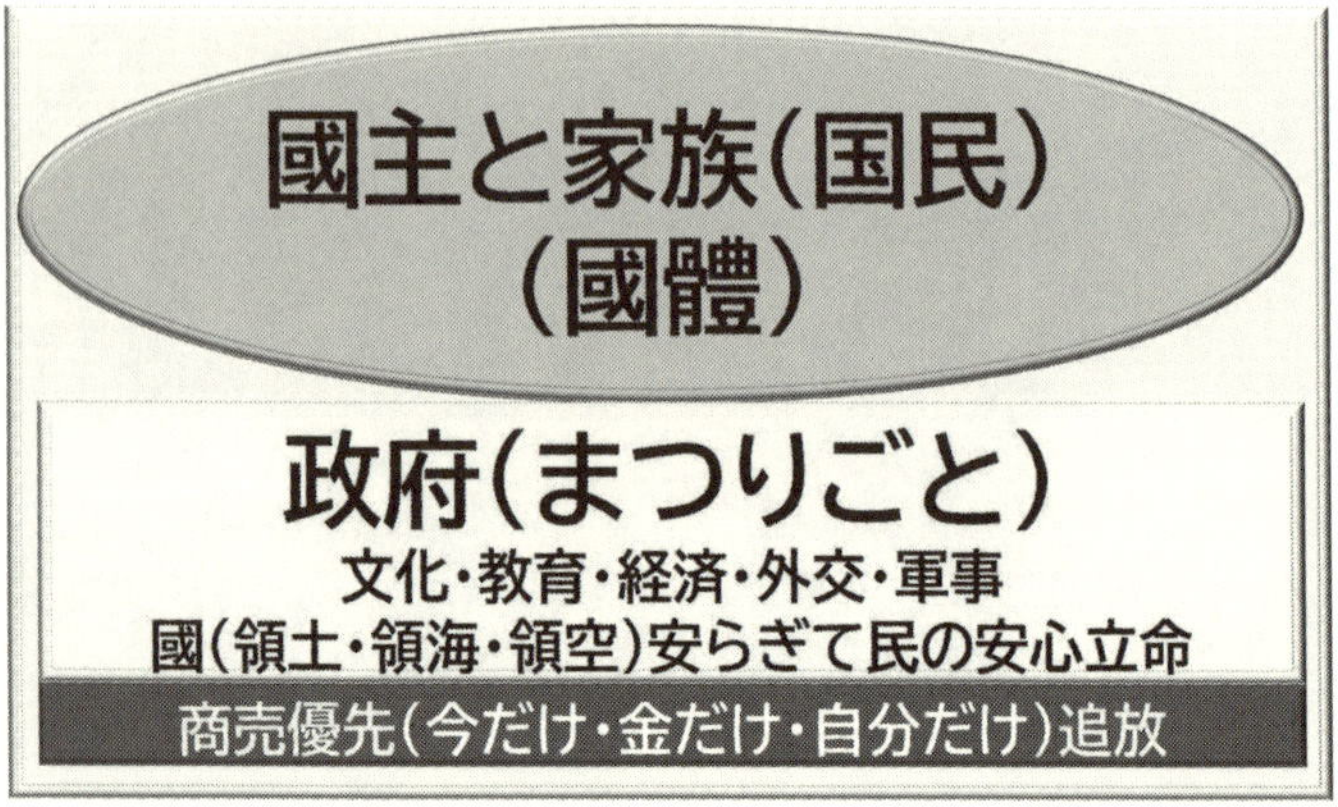

した！

中国人から見たら、日本はパラダイスです。

日本は国家創りのときに仏教を取り入れました。私はユダヤ人系だと思っている聖徳太子が、外道である一神教を捨てて、仏像を置いた。

仏教というのは、心の中の真理を求めるものです。古来あった惟神と仏教を選んだ。惟神の代表がスメラミコトです。それぞれ修行するための学問が仏教です。聖徳太子は物部と大げんかになり、勝って仏教を選んだのです。

仏陀という言葉は、覚者、真理を覚った者という意味です。
なぜ私は聖徳太子をユダヤ人系、失われた10支族の1人だと思っているかと言うと、聖徳太子は角髪《みずら》を切ります。律令制のころまでは角髪でした。角髪はユダヤのシンボルです。

仏教では五戒といいます。仏教徒として守らなければいけない戒律です。
不殺生戒、殺すな、殺させるな。
不偸盗《ちゅうとう》戒、盗むな、盗ませるな。
不邪淫戒、邪な姦淫（強姦）するな、させるな。
不妄語戒、嘘をつくな、つかせるな。
不飲酒戒、不要な酒を飲むな、飲ますな。
向こうは奪え、奪えです。神の言うとおりにする。ここに文化の違いがある。

全部家族、おおみたから（大御宝）、國體（国体）の柱はスメラミコトです！

日本は國體を明確にしました。今、國體というと、右翼のキチガイだ、半キチガイだ、暴力団だとレッテルを貼られます。レッテルを貼って、國體という考え方を潰したいのです。

日本は、一つの国を家、家族として見ます。国の体《からだ》は国の主と家族（我々）で、スメラミコトは国民一人一人のことを「おおみたから」と言います。キチガイもいる。盗むヤツもいる。悪いヤツもいる。賢いヤツもいる。一生涯働く人もいる。身体障害者もいる。年寄りも若い者もいる。全部家族だから、みんなで助け合っていく。そのためのシンボルが國體の柱、スメラミコトです。國體の下には政府《まつりごと》があります。江戸時代なら幕府です。文化、教育、経済、外交、軍事をやる。外国と付き合う、外交には軍事がなければダメです。これが政府のまつりごとです。

ところが、今は國體を潰す。無視する。天皇を入れ替えて、だんだん潰していこうということが明治維新から始まった。

天皇の表《おもて》の顔と裏の顔は違うわけです。朝鮮人が入っている。それでも日本人にはそれまでの伝統があって、諸子百家がついているから、天皇らしく振る舞ってもらって、そのもとで動いてきたわけです。

本当は天皇を支えるはずの政治が、商売になっている。経済でもない。「経済」という言葉は、日本にしかないのです。「経世済民」から取っています。一人の人が大金持ちになって、あとは地獄で自殺するのを経済とは言わない。民を救えるようコントロールするのが國體です。

今、國體という概念を失ったから、外国人が勝手にまつりごとを決めて命令しているのです。本末転倒です。

日本が2683年も続いたのは、國體という考え方があったからです。でも、明治新政府に潰された。仏教を潰され、惟神を潰された。神道はみんな国家神道に併合されました。

天皇は、彼らの言うGODと同じようになりました。利用されて、国の主でも柱でもない。今回、生き残るためには國體に戻らなければならない。商売優先（今だけ・カネだけ・自分だけ）では彼らと同じです。

これを追放しなければ、日本は生き残れない。逆に、日本が生き残れないと、全人類は闇の中で終わりです。一番暗い時代に入ります。

あと17年で日本は皇紀2700年を迎えます。それまでに國體を日本としてもう一回つくり直さなければいけない。それが世界中の人の光になるはずです。

日本の憲法とは、無常（常に変化躍動）の現象（真実）にある真理

日本の十七条の憲法は、皇紀１２６４年（西暦６０４年）につくられました。この６年後ぐらいにマホメットが啓示を受けて、イスラム教を開きます。憲法とは、法に基づく憲《おきて》です。法というのは、さんずいに「去」、流れ去るという字のとおり、森羅万象、諸法・実相（実際の姿）です。これは仏教で説かれています。

真実に基づいた憲《おきて》をもとにして、法を立てる。どんな王様が来ても「秋に稲の苗作りをやれ」とは言いません。潮の満ち干、月の動き、太陽の動き、春夏秋冬（四季）に基づいて定める。

真実、真理、真理に基づく憲《おきて》に基づく森羅万象《しんらばんしょう》は、宇宙（太陽、月、星々）の動き、地象（地震や火山の噴火）、海象（潮の満ち引き、親潮の流れ、黒潮の流れ）です。

気象（雨が降ったり晴れたり、曇ったり）、鳥獣、虫、草木、微生物はもとより全ての生き物、生命を維持する体内ホルモンの働き、そこから生まれる心の状態（心象）、魂、それら全ての動きとその因縁生起による行動は常に変わります。これを「無常」といいます。

常であるものは何もない。常に変化して、躍動しているのが真実の姿（現象）です。その奥にある真理をもとにして、憲《おきて》をつくる。

昔の人はよく知っていた。平家物語の冒頭に「祇園精舎の鐘の声　諸行無常の響きあり　沙羅双樹の花の色　盛者必衰のことわりをあらわす」とあります。

どんなに栄えていても、生まれて育って衰えて亡くなっていく。こういう流れは消えません。人生はみんなそれぞれ違います。生まれてすぐ亡くなる子もいれば、長生きする子もいる。ケガをする人もいる。病気を持つ人もいる。その流れでやっていくのです。

仏教を持ってきた栄西という人は、無常を教えるのに、いろはうたをつくりました。「いろはにほへと　ちりぬるを　わかよたれそつねならむ　うゐのおくやまけふこえて　あさきゆめみし　ゑひもせす（色は匂へど散りぬるを　我が世誰ぞ常ならむ　有為の奥山　今日越えて　浅き夢みし　酔ひもせず）」、有為転変の人生の現象を超えた叡智が仏教の真理を求める姿です。そこに論語が入ってきて、生かされる。陽明学が入ってきて、生かされる。全てそれを国学とすることができた。

しかし、それが今、仏教が死んでいます。仏教は今、どこにもありません。

お寺は残っていて、坊さんの格好をしている人はいるけれども、そういうふうに言ってくれている人はほとんどいない。でも、これで国づくりをしましょうと日本は決めたのです。

十七条憲法に見る日本の統治

十七条の憲法を詳しく見てみましょう。特に、1条、2条です。

1条は「以和爲貴、無忤爲宗（和をもってとうとしとなせ、忤《さか》うなきを宗となせ）」。

これは「和しているつもりになって、本当は心の中で別のことを考えているとか、俺はそれをやりたくないんだけど、怒られ、殺されるから、黙ってついて行くというのではダメ」ということです。心の中まで一生懸命になる。

「人皆有黨（人は皆たむらあり）。亦少達者（また達《さと》わる者すくなし）」。生まれ・育ち・価値観は皆違う。その中で真理をわかっている覚者はほとんどいない。

「以是、或不順君父。乍違于隣里。然上和下睦、諧於論事、則事理自通。何事不成」。自分の父親や自分の国の主に背いている者もいるし、近くの村と争いを起こしている者もいる。そういう人たちで集まって、上に立つ者が和らいで、下をむつび合わせる。

それだけではない。やることに対して、あげつらえ。

相手の言っていることに、「おまえ、それは違うじゃないか。俺はこう思う。これをやるなら国の為にはこうしなきゃいけないだろう」と言う。

「いや、そうじゃない。俺の立場がある」と言う者には「おまえの立場とは何か」と徹底的にあげつらえ。それによって最後に理はおのずから通じる。

みんな心が一つになって、逆らう人がいなくなれば、何事かならざらん。

日本の憲法とは

【十七条の憲法】(皇紀1264年)(西暦604年)

憲法とは法に基づく憲(おきて)を憲法と云う
即ち法(森羅万象、諸法・実相)の憲(おきて)
真実、真理に基づいた憲(おきて)にもとづく
森羅万象とは、宇宙(太陽、月、星々)の動き、地象、海象、
気象、鳥獣、虫、草木、微生物は元よりすべての生物、
生命を維持するそれらの体内ホルモンの働き、その心象、魂、
それらの全ての動きとその因縁生起による、

無常(常に変化躍動)の現象(真実)に在る真理

中国にも「小人は同じて和せず」ということわざがあります。儲かるとなると、みんな同じことを一生懸命やる。不動産で儲かるからとカネを突っ込んで、敗れるときはみんな敗れる。心は皆違う。つまらない人間は、同じことをしても、和していない。

ところが、立派な人間は、それぞれバラバラなのはわかっているけれども、それぞれの役目があるから、よし、これをみんなでやろうと和する。

「君子は和して同ぜず」です。

これを十七条の憲法の一番根本に持って

きたのが第1条「一にいわく、和をもってとうとしとなす」です。この後、40年ぐらいたって、大化の改新で律令制ができたときに、これを憲法とするわけです。

第2条は、「篤敬三寶。々々者佛法僧也。則四生之終歸、萬國之極宗」。あつく三宝を敬え。三宝とは仏、法、法師。仏教です。四生《ししょう》は、全ての生き物という意味です。

卵から生まれるのは卵生《らんしょう》、胎盤から生まれるのは胎生《たいしょう》、じめじめしたところから湧いてくるのは湿生《しっしょう》、よく分からないけれども突然ポッと出てくるのを化生《けしょう》といいます。

全ての生き物は必ず終わりに帰結する。それを説いているのは仏教です。真理の教、極宗です。どこの国でもこれは最高の宗です。「宗教」というのはここから来ています。最も尊い、正しい極みです。

「何世何人、非貴是法」。いつの世か、誰びとかがこのことをわかれば、この法がとうとばれないことがあろうか。

「太陽の周りを地球が回っているなんて、ウソつけ。俺が神様で、太陽が勝手に回っているんだ」と言う者がいたら、「それはおかしい。現実はこうでしょう」と言う。

法を尊ばない人はいない。例えば、かぐや姫が月にいるから、かぐや姫を迎えに行きますと言ってロケットを飛ばして見つけられなくても、「いなかったよ」とは言わない。

「人鮮尤悪。能教従之」。最初から悪人はいない。よく教えればこれに従う。悟った人がルールを教えてくれる。三角関数というピタゴラスの定理がありま す。ピタゴラスが死んでも、それを正しく伝える人がいる。仏教を学んでいきなさい。尊んでいきなさい。それによって上も下も幸せになれる。

「其不歸三寶、何以直枉（その三宝に帰らざるは、何をもってか、まがれるをただださん）」。変な価値観で曲がってしまった人たち、今のユダヤ教、キリスト教でゆがんでいる人たち、あのかわいそうな人たちのどっちを助けてもダメなのです。同じことを繰り返します。

「こういう考えがあるよ。皆さんの考えはおかしいと思いませんか？　殺すのは気持ちいいかもしれないけど、殺されたほうは悲しい。殺された人の心を思いやりなさい」と教えてあげるしかないのです。

そうすると、敵だと思って殺しに来ます。それは今だけ・カネだけ・自分だけという目の前の価値観、間違ったレリジョン（信仰心）です。つまらないものに対する信仰心がそうさせるのです。これは残念ながら、イスラム教も、キリスト教も、根本のユダヤ教もそうで、人類皆殺しは不幸になるに決まっています。

イスラエルのネタニヤフさんが、「ヒューマン・アニマル」と言いました。

人間の体をしたケダモノ（家畜＝ゴエム）と言ったのです。

時々ユダヤ人は、分からないだろうと思って日本人に向かって「ゴエム」と言います。彼らに権力を渡したら、我々は家畜になります。

キッシンジャーは「我々アメリカに逆らえば、みんなひどい目に遭う。殺される」と言います。日本ばかりではない。


だが、アメリカにずっとついていったらどうなるか？　必ず死ぬとキッシンジャーははっきり言っています。どっちがいいかという話ですね。


我々は、仏教の価値観というものを本当にわかっていれば、なぜ日本が2700年続いたかわかります。惟神のトップがスメラミコトです。家族として、その中に仏教を取り入れることによって、世界で一番強い国になったわけです。

日本では、泥棒がいませんでした。明治維新の時、外国人は驚いていました。

自分は貧乏で、一生働いても稼げない30両というおカネが預けられても、飛脚は何文かの手間賃で「あいよ、わかりました」と上方まで届ける。

海外では、目の前でたちまち盗まれて、なくなっていきます。

今は消え失せた「菩薩の四弘誓願《しぐぜいがん》」という仏教の教え

仏教の精神に学びなさい。特にリーダーになる人は、仏道に入りなさい。菩薩になる。菩薩になりたい人は「四弘誓願《しぐぜいがん》」という誓いを立てなければいけない。

「衆生無辺誓願度《しゅじょうむへんせいがんど》」。全ての衆生を救っていく。自分より体の弱い人もいる。自分の体も壊れているかもしれないけれども、もっと弱い子がいるかもしれない。苦しんでいる子がいるかもしれない。菩薩になりたいなら、そういった人も全部救っていくという決意をしなければいけない。

「煩悩無数《むしゅ》誓願断」。自分がいい立場になったら、賄賂もいっぱい来る。誘惑も来る。毒饅頭も来る。無数に来るもの全てを断ち切っていくという誓いを立てる。欲望を断ち切る。愛欲はダメです。憎悪が絡んでいます。慈悲の愛で相手を思いやる。愛は慈悲心です。

「法門無尽誓願知（学）」。自分に必要なものは全て学び尽くしていくという向学精神を持つ。日本には寺子屋教育がありました。百姓の子どもも読み・書き・そろばんを習います。武士の子、商人の子ばかりではないのです。

「仏道無上誓願成《せいがんじょう》」。人間として生まれてきて、最高の生きざまは、安心立命することです。自分の国土を安穏に保つことで、自らも悟りを得て仏陀になっていく。

この4つの願いを掲げて、初めて仏教を学んだことになるのです。日本はこれでやってきたので、彼らとは文化が全く違うのです。ところが、「私はスピリチュアルで、凄いんです。仏陀が私のところに来まして、親鸞聖人と日蓮さんが来て、キリストも来ました。ムハンマドも来ました。（私）凄いでしょう？みんな愛し合って平和にしましょう」と言う人は、僕に言わせれば、わかったふりをしたキチガイです。

学者風の人が、「そうだ、そうだ。お前の言うとおりだ」と言ってキチガイを煽っています。これを今、日本人は知るべきである。今、仏教は全て死んでいると思ってください。明治以降、仏教はなくなっています。

既に明治に日本は皇室から乗っ取られている！

一番なくなったのは皇居の中です。皇室の中には宮中三殿という、3つのお宮があって、毎日スメラミコトにご挨拶します。真ん中が、惟神としてのアマテラスオオミカミの賢所。鏡があるところです。その向かって右側を「神殿」と言います。日本を守っている天神七代の神殿です。

神武天皇のことを天孫といいますね。天孫というのは天の孫、ニニギノミコトの孫です。地上にあられて、人間としてではなく、神様としている人たち、森羅万象、太陽の神、月の神、星の神、川の神、流れの神、アマテラスオオミカミを代表とした八幡大菩薩、いろいろなものを豊かに育たせる働きを持った神を祀るところを神殿という。

賢所の向かって左側にあるのが皇霊殿です。皇霊とは、スメラミコトの魂ということです。今の天皇は１２６代ですが、正規は明治から変わっていますから、本来はまだ１１１代です。１１１代の天皇がいる。

今、我々は朝鮮人には勝ったけれども、諸子百家がついて、スメラミコトの形をしながらやってきた。今は完全に潰されています。

４日前にＳＰＹさんは、「日本を乗っ取った」と言っていました。「それは天皇の子供ですか？」と聞くと、「そのとおりです」と言う。

明治天皇の宮内大臣をやった田中光顕《みつあき》という土佐出身の陸軍少将が１９３９年に95歳で亡くなるのですが、その10年前に「これだけははっきり言わないといかぬ。実は睦仁天皇は朝鮮人である」ということを残すのです。それは乃木希典もわかったはずです。

西郷も明治10年には分かっていました。西郷は、騙されたことを分かって下野しました。これを明かしていたら、日本はバラバラになって、それこそイギリスとフランスの植民地になっていたでしょう。

西郷さんはあのとき、「皆、何も言うな。もう大久保どんに任せてある」とおっしゃいました。でも、みんな勘違いして、大久保利通をすぐ暗殺してしまいました。


その大久保の次男坊が、牧野伸顕です。人道主義から、国際連盟ができるときに「人種差別はやめろ」と言った。これが日本の文化です。

國體というのは、国家・国民の在り方です。これを我々はもう一回、考え直していかないと、新しい国づくりはできません。

日本もイスラエルの仮の政府が全てを決めている！

今、イスラエルはネタニヤフ政権が司法改革をしています。これにはイスラエル人も反対しています。仮の政府が政策人事を全て決めている。今の日本がそうです。内閣で決めています。ＬＧＢＴ法案も国会でまともに審議しません。外国人に優遇策をとっているのを審議していません。日本人に黙っています。

中国人が入ってきたら、１５００万円を無条件で渡す。その募集窓口を東京都はカネを出して香港につくっているのです。日本の中での殺人、重犯罪の33〜34％が中国人です。同じく33％が朝鮮人・韓国人です。重犯罪を犯している日本人はわずか1％です。それなのにどんどん入国させている。

今の自民党の幹事長は「謝々茂木」と言われています。中国の王毅という外交部長が外務大臣のときに日本にわざわざ来て、尖閣を見て、「尖閣の周りで漁船をうろちょろさせるな。法律を変えたので、実力行使でぶっ潰すぞ」と言ったのです。マスコミの前で平気で言った。その横にいた茂木が「おお、ありがとう、ありがとう。その通り」と言ったのです。「謝々、謝々」と言った。次の日には総理も食事会をしています。売国奴です。

ネタニヤフ政権の司法改革

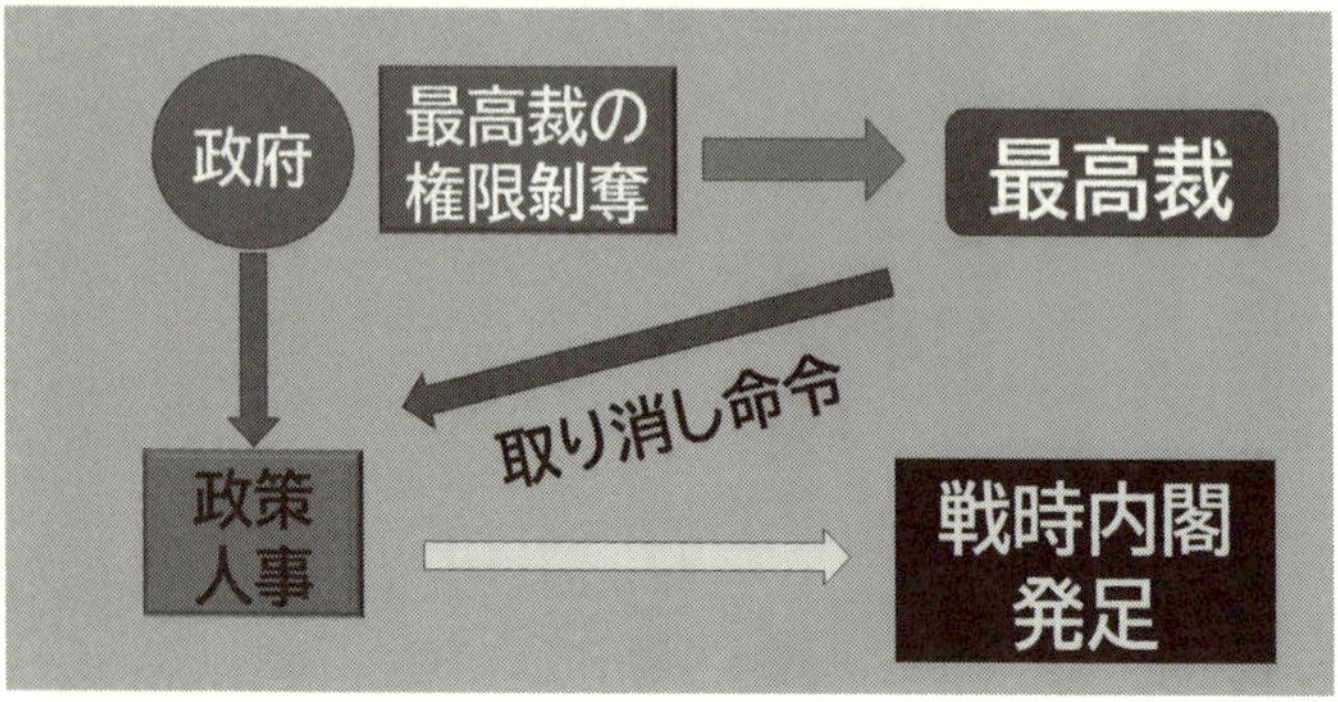

東大を出て、ハーバードに行ったヤツは、大概自分はエリートだと勘違いしている。日本の文化を知らない。恐らく漢字も読めないのではないかと思っています。日本の漢字が読めないで、2700年の歴史のすばらしい文化を理解できるはずがない。私は怒っております。

ネタニヤフは今、最高裁の権限を剝奪《はくだつ》しています。最高裁は、この取り消し命令を出しています。しかし、それを無視して戦時内閣を発足させています。文句を言えない。

非常事態宣言は今、ＷＨＯから出すようになっています。日本にも非常事態宣言を出せるようになる。２０２４年の5月、そう決まります。

政府が非常事態宣言を出すと、誰も逆らえません。新しい緊急事態条項の中からは、個人の人権、尊厳が全部削除されています。

これでいいのですか？　皆さん、考えましょう！

今の政治。自民、公明、維新の党、立憲民主、国民民主、社民、共産、全て戦後つくられた反日です。一日も早くこれを一掃しなければ、日本の未来は間もなく消えることになります。そのために私は日本保守党を立ち上げたのです。

ぜひ気づいていただきたいと思います。気づいて、立ち上がったとき、日本は一番強い。必ず生き残ります。日本人が生き残らなかったら、世界中の人類は闇の中です。みんなで力を合わせて、皇紀２７００年を奉祝したいと思っています。

第七章

最終戦争のひき金に指がかかった!

「いかなることも起こり得る」イランの決意表明の意味を探る！

イランが今回（2023年）、決意表明しました。10月13、14の両日にイランの外相がレバノンを訪問して、ヒズボラ指導者のハッサン・ナスララ氏や幹部が会談しています。全員が引き金に指をかけている状態です。イスラエルが先制攻撃して、核ミサイルでイランを攻撃するか、攻撃しなくても、イランのほうがこれ以上はもう許さないので動きます。

14日には、パレスチナ自治区ガザのハマスの政治部門トップ、イスマイル・ハニヤ氏と、カタールの首都ドーハで会談しています。

「ガザでイスラエルの犯罪が続けば、中東地域でいかなることも起こり得る」と、はっきり言っています。最終戦争に近づいているのです。

核ミサイルが一発イランに届くと世界中のタンカーが止まる!?

イスラエルはハマスの裏側にイランがいるのを知っているので、イランを攻撃する可能性が大きい。仲裁できる国が見えません。これまではエジプトが国連の力を頼って仲裁していました。すぐには動きませんが、サウジアラビアはアラブの側につくと明言しました。これを本当に止められるのはプーチン大統領であると期待しているのですが、今、彼らはボイコットしています。あとはトルコのエルドアン大統領ぐらいです。

イスラエルからイランのテヘランまで、1500キロぐらいです。米海軍の空母打撃群が東地中海にいて、レバノンのヒズボラ、シリアと一緒に抑え込みながら、イランに巡航ミサイルを撃つ可能性が大きいです。つい3～4日前には、紅海にいるアメリカのミサイル駆逐艦が、サウジアラビアの南、イエメンで、親イランのフーシ派によると思われる巡航ミサイルを複数撃ち落としたと発表しています。全面戦争が始まるのです。

核ミサイルが一発イランに届くと、世界中のタンカーの運航が止まります。日本に食糧備蓄はほとんどありません。20日間分ぐらいしかないと思います。供給が止まったらどうなりますか？　それでなくてもコオロギを食べろと言っているのです。

乳牛を殺したら15万円をやると言ってどんどん潰して、牛乳を安く買いたたいて生活できないようにして、酪農を潰しながら高い牛乳を外国から入れています。これが今の日本の政治家のやっていることです。

外国人をどんどん入れているのは、国内を混乱させるためです。自民党の幹事長は、ホームページで「私が政治家になったのは、日本を多国籍国家にするためです。言語は日本語を使わなくていい。英語ができればいい。国の公用語は日本語と英語にします」と言っています。これが今の日本の政治屋です。

公明党の背後は創価学会ですから、中国べったりで動いています。中国の日本征服を手助けしている。習近平がまだ副主席だったときに、日本に突然来て、天皇に会わせろと言って、会いました。

小沢一郎さんが無理やり天皇のスケジュールを割いたのです。しかし、習近平が日本に来たとき、最初にどこにご挨拶に行きましたか？　政府にお礼に行きましたか？

小沢さんのところに行きましたか？　行きません。池田大作のところに行きました。それぐらい日本は食われています！

イランを潰せ！　これがイスラエルのオクトパス・ドクトリン！

今、イランのアブドラヒアン外相が「地上侵攻を実行すれば、対応せざるを得ません」とイスラエルに警告しています。

間もなくイランでは核ミサイルができるのではないか？　でき上がったらイスラエルが攻撃されるので、その前に潰せというのがオクトパス・ドクトリンです。

イスラエルを攻めるシリア、レバノンのヒズボラ、ガザ地区のハマス、ヨルダンにいるハマス、フーシャが攻めてくる。

それどころか今回、この動きに対して、アフガニスタンは中国の支援を受けています。これは間違いない。それがイランを越えて、イラクに通行許可をもらい、ここにタリバンが攻め込むことを発表した。発表したその日に地震が2回も起きました。人工地震を疑うのは当たり前だと思います。それに対応せざるを得ない流れになっている。

タコの足みたいにいろいろなところがやられるから、その中心になっているイランを先に叩こうというのがオクトパス・ドクトリンです。

イスラエルが核ミサイルで先制攻撃したら、本格的な核戦争です。全ての海上輸送はストップします。日本への油は今、95％ぐらいアラビア海から出ています。日本は、石油は3カ月、90日分ぐらいはストックがありますが、それ以上はもちません。食糧はその前に尽きます。

今、都市部のコンビニには余るほど食料があるかもわかりませんが、ある日突然、途絶えます。元農林水産省の役人で、今、東大の鈴木宣弘先生は、世界中で1億2000万人ぐらい餓死者が出るとおっしゃっています。そのうちの

6000万〜7000万人は日本人です。何もないからです。

私はこれが始まるのが怖くて、3年前から、特に石垣島の人たちに、何かあった時のことを自分たちで決めろと言っています。政府の手を待っていたら、必ず手遅れになります。今の政府に助ける気はありません。日本人を殺そう、カネをぶん捕れという作戦ばかり一生懸命やっています。

去年（2022年）の5月5日、岸田総理は、ロンドンのシティという金融街のど真ん中で大演説をして、大拍手を受けました。日本のおカネである、ゆうちょの370兆円、農林中金の400兆円、我々の年金基金の運用を全部外国に渡しています。個人のたんす預金は2000兆円ある。「これを出すので、皆さん、日本にどうぞ来てください」と言ったのです。日本では報じられていません。

今、私の日本保守党を名乗っている政党がありますが、一皮むくと、かなり怪しい。確信犯に近いところが見えてきます。日本人をだまそうとしている。れいわの山本太郎さんは非常にいいことを言っていますが、日本を多国籍国家にすると言っています。彼も向こうの人です。もちろん創価学会も、中国人にみんな渡す。

いろいろな格好いいことを言っている政党はたくさんあります。しかし、本当の日本保守党は一党もありません。政治に素人で結構です。

今度、選挙があったときに「俺も立つ」という人はぜひ来てください。素人がみんなで立ち上がって、政治を変えなきゃいけない。そして避難場所も決めなきゃいけない、と考えています。

今、生き残っていくために、いろいろと考えています。ただ残念なことに、私には資金的余裕がありません。

ハマス、イスラエル、イラン、ロシア、サウジアラビア、中国

史上最も危険な戦争の構図が見えてきた！

今回の戦争は、最も危険視されるものです。３５００年の歴史があるものの完結です。特にイスラエルとイランは全面戦争になりそうになっています。これをしっかり認識していきたいと思います。

構造を説明します。今、イスラエルに対してハマスが攻撃しましたが、イランが攻撃に加わると報復します。ロシアは中立を保っています。今もシリアには80万人以上の難民がいます。油田があるので狙われているのです。ウクライナどころの話ではなく逃げ場を失っている。それに対してロシアが一生懸命支援して、何とか保っている。

最も危険視される戦争

サウジアラビアとイランの国交再開

2023年3月10日声明（2016年1月以来7年振り）

米国外しでアラブの連携

イランの核兵器準備完了間近

イスラエル 対 イラン

全面戦争

ロシアはイランを支援します。イランはハマスを支援します。サウジアラビアは、直接武力を使うとまでは言っていませんが、イラン側につくことを明言しています。アラブの盟主だからです。そうでないと、盟主の名が泣きます。

トランプさんは、サウジアラビアとイスラエルの国交を正常化させようとしていました。イスラエルの国境線にはＵＡＥ、ドバイがあります。でも、これも怪しいことになる。

アメリカは、全面的にイスラエル支援です。中国は高みの見物です。一番儲かるからです。イランに支援していることは間違いない。そうでなければ、イランのタリバンが、山を越えて約2000キロ離れたイスラエルまで攻めていくことを発表しないはずですが、発表しています。

さらに、日本が支援をさせられる。日本の文化と違うところに支援させられるのです。ウクライナに支援しているのと同じです。あれは利敵行為です。

これは犯罪行為であって、やってはいけない。日本を潰すためには、これが一番良い。イスラエルを支援すれば、日本は消えてなくなります。

第八章

消えてなくなる運命の日本をいかに転回させるか⁉

日本周辺に中国人民解放軍は80万人以上いる!?

日本周辺には既に中国人民解放軍が入っています。80万人を超えているのではないかと私は思っています。しかも、武器も、もう日本に入ってます。彼らには1人に1丁ずつ自動小銃がある。公安もわかっているはずです。それだけ入ると、自衛隊の数よりも遥かに多い。太刀打ちできません。しかも、自衛隊の中に中国人が入っているのです。中国人の奥さんが1万人入っていると言われています。

中国は、2017年に国家情報法を決めています。そこで知り得た秘密情報は全て中国共産党に流す義務があります。流さなければ、彼らの親族は殺されます。それを許可したのは誰だろうと考えたら、安倍元首相でした。

直接相談を受けた人から、今年になって聞きました。政権の中の誰かが決めたのではない。安倍さんが決めています。

安倍さんは、とんでもないことをいっぱいやっています。東京オリンピックのときがそうです。

皆さん覚えているかどうかわかりませんが、久しぶりの東京オリンピックということで、表彰式には、前回の東京オリンピックのときに好評だった振袖の女性が登場することになっていました。それを聞いて、全国のボランティアが4億円集めて、200カ国のそれぞれの伝統を表すような刺しゅう、染めつけをした振袖と帯を作りました。

ボランティアですから、政府から1円ももらっていません。東京都からも、もらっていません。日本一の職人、織り人たちが、でき上がるたびに各国大使に「オリンピックの時にはこういうのを出します」と言って、みんな楽しみにしていたのです。それが出てこなかった。

代わりに、朝鮮人でも着ないのではないか？　という野良着みたいな格好をしたのが出てきた。足はスリッパ型の足袋です。下駄などではない。スリッパであることが見えるように映していた。

朝鮮人が日本をバカにするときに「チョッパリ（豚）」と言います。足袋が豚の足に似ているからです。

振袖はできているのか、担当していた社団法人の方に連絡をとったら、社団法人の前の代表が、4億円分の振袖を全部持って北九州に逃げていました。「取り戻せばいいじゃないか⁉」と言いましたが、「もうオリンピックは始まっちゃったから」と言う。「まだ表彰式がある。今からでも取り戻したらいい」と代表に私は詰め寄りました。

代表は若いから私と話が合う。「わかりました」と言うので、「明日、一緒にユーチューブに出て発表しよう」と言いました。

ところが、当日の朝、約束の場所に彼は来なかった。女の人から電話がかかってきて、「場所が違います」と言う。「俺が今から行くよ」と言うと、「もう会いません」と言う。

「なにィ!?」というわけで、私は無理やりに会いに行って、「これはみんなボランティアで、日本人の職人さんが命がけで作ったものだよ！」と言ったのですが、「COVIDが流行っているからと止められました」と言う。

何を言っているのか？

1人1人ホテルの部屋を借りて着がえて、タクシーで移動すればいいことです。

あのとき、東京都が電通に払っていた日当は、1人8時間で11万円です。しかも、何交代か知りませんが、24時間体制です。実際に働いている人に渡していたのは1万円と弁当だけです。あとの10万円は取り上げている。それをやらせているのは東京都知事です。こう話を詰め寄ったら、最後に彼が「止められたから、できない」と言いました。

盗んだヤツがわかっていて、場所もわかっていて、でき上がっているのもわかっているのに、なぜそういうことをするのか？　誰が止めたのか？

直接、安倍さんからの電話があったとのことです。

「安倍さんに逆らうと、私は国際会議に出してもらえませんから」と言っていました。それが日本の現状です。

中国軍を習近平はコントロールできていない！

日本周辺の人民解放軍はどんなことをしているか？

2023年10月17日、アメリカ軍機の前を中国軍機が異常接近して飛んでいます。しかも、フレアを出しています。

特殊な周波数のレーダーでロックオンされると、次の瞬間にミサイルが飛んでくるので、フレアという2000度ぐらいのミサイル防御装置を発射している。ミサイルは、熱源に向かってホーミングするので、ロックオンされたらチャフを出し、機体をひねって逃げるのです。そうしないと落とされます。10月17日にこういうことがあった。

中国共産党は、中央はびくともしないが、軍隊の方は完全にキャッチアップできていないのです。コントロールできていない。

昨年（2022年）、習近平が異例の第3期の国家主席に就いて、人事をみんな変えました。一番変えたのが軍です。第2期まで7軍区あったのを、5戦区に変えた。その中で、自分が信頼できる軍のトップを入れ替えてきました。それまでは江沢民、その前は鄧小平といった利権屋が忠誠を誓って務めていた。

ところが、6月の末から7月にかけて、自分が任命した最高指揮官をまた全部クビにしたのです。まず、アメリカの大使もしたことのある秦剛をクビにした。秦剛は生え抜きで、両親は毛沢東時代の英雄です。頭も良い。もう一人の幹部は、息子がアメリカでハニトラにかかって、CIAに情報を出した。

ロケット部隊、ミサイル部隊のどこに何発、どういうミサイルがあって、何人の、どういう組織でやっているという情報を全部CIAに渡したのです。CIAは、それをインターネットに流したので習近平は疑心暗鬼になった。

それでも、関係なく軍は動いています。つまり、軍のコントロールが完全に利いていない。その兆候は5年ぐらい前にありました。第2期の習近平がアメリカ大統領と会っている最中に軍が暴発して、台湾海峡で米軍機と接触すれすれのことをやった。それを聞いた習近平は、会議の真っ最中に驚いていた。習近平のコントロール外で軍が動いています。

自衛隊はアメリカの駒、有事かどうか決めるのもアメリカ!

日本は、ロシアから攻撃されます。それは、ロシアを裏切って攻撃しているからです。北朝鮮も攻撃してきます。北朝鮮には525部隊があります。これは日本を強襲揚陸する落下傘部隊で、3個旅団あります。2000人以上の人が降りてきますが、その輸送機はロシアが貸すことになっています。

まず北海道を奇襲する。525部隊は金日成の時代から訓練をしています。
中国は北朝鮮を支援するし、反対しません。
ロシアは今、北朝鮮から支援を受けているので、当然、北朝鮮を支援します。
このような構図がいつ出てきてもおかしくない状況になっています。

この中で生き抜くためにはどうすればいいのか？　私たちがこれを知った上で、1人でも多くの人が立ち上がることです。立ち上がるといってもどう立ち上がったら良いかわからないので、日防隊という組織をつくりました。詳しいことは勉強会に来てください。

今でも中国共産党がスパイ養成しているところが東京都にあります。警察組織があることもわかっています。武器庫と思われるところに急に人が集まってきたという情報を入れる。

警察は当てになりません。日本の自衛隊も残念ながらという状態です。私も自衛官でしたが、自衛隊を退役するまでわかりませんでした。自衛隊の最高指揮官は内閣総理大臣と自衛隊法に書いてあるので、そのように思っていましたが、これは真っ赤なウソでした。

吉田茂時代の外交文書を見ると、日本が有事であるか有事でないかを決めるのはアメリカ政府となっています。

安倍さんは、台湾有事は日本有事だと言っていましたが、「台湾は中国の一部だと国連で認めて、日本もそれに賛同している」のだから、これは内政干渉です。内政干渉をされたら、当然戦争になります。それを狙って意図的にやっているのでしょうが、本当に台湾のことを思うのであれば、台湾を承認すればいいのです。それをせずに、中途半端なことをしている。

台湾侵攻があっても日本に直接来ない限り、日本は動かない、有事にしないということはできない。アメリカ政府が有事だと決めれば、動かなければいけない。その下で動く自衛隊は、アメリカの駒です。自衛隊が日本人のために動くことは0%です。

警察の中には既に創価学会が入っているし、朝鮮半島系の人間がたくさん入っています。今は警察ばかりでない。司法の最高裁長官は、日中友好協会か何かをやって、毒饅頭を食わされて動いています。

この前の最高裁判決でも、ＬＧＢＴ法が通ってしまった。なぜか？

日米合同会議という、地位協定のもとで行われているところがあり、そこには法務省の官房長が出ます。官房長がそこに出ると、必ず検察庁長官か最高裁長官になる。要するに、裁判所そのもの、検察官そのものがアメリカの犬になっているのです。

驚くなかれ、今、全国弁護士会の副会長も、韓国籍の弁護士です。経団連の会長、副会長も朝鮮系です。真面目に動いている日本人が全部食い物にされています。私たちはこれに気づく必要があります。

下手に怒っても仕方がないので、本当の日本保守党のところに来ていただきたい。そして、日防隊に連絡をしてください。

ウクライナ支援をやめろ！　ロシア制裁をやめろ！ 日本は中立を保つべきだ!!

写真は２００８年撮影のシリアのムハンマドさんの家族です（提供ください）。この男の子と女の子だけ残して全員死にました。ヤスミンという女の子は両足を失っています。兄は、妹の両足に義足を付けさせてあげたくて、カネが欲しいから、ロシアの義勇兵になります。

おカネをもらって、ユダヤがやっている憎きウクライナをやっつけに行く。でも、妹は「肉親はあなたしかいない。両足はなくても良いから、行かないで」と言うのですが、兄は行くわけです。これが戦争の現場です。

戦場というのは非常に凄惨なのです。それでも、彼はロシアの傭兵に志願して、シリアを守ろうとする。

日本は、中立を保って動くべきです。直ちに違法なウクライナ支援をやめる。なぜゼレンスキーに24兆円をやらなきゃいけないのですか？　その前にもいっぱい与えてやっています。

ロシア制裁をやめることです。ロシアには豊かな食料もあるし、エネルギーもある。油断ならない相手ですが、アメリカよりは良いと私は現時点において考えます。

米軍の介入の阻止を図らないとダメです。

日本人をやっつける為に日本にいる米軍は、直ちに出ていってもらいたい！

過去から今まで、百害あって一利なしでした。

一番困るのは、自衛官のトップに国を守る意識がなくなっていることです。

米軍の手先としてどれだけ勇名をはせるかということばかりに頭が行っています。ウクライナ・ロシア戦争の説明に出てくる将軍クラスがそうでした。国際法を分かっているにもかかわらず、犯罪行為に手を貸していることを恥ずかしいと思ったのか、最近、出る数が少なくなりましたが。

皇紀2700年に日本を建て直しましょう

それには國體（国体）という柱をもう一回建て直す。そして本来の惟神《かんながら》を再建する。

惟神とは、あらゆる生き物に神性があるということです。こちらが悪いことをすれば、向こうも悪いことをする。惟神だけではない。

1人1人、仏教の真理を頼んで、自分の心の人格の陶冶《とうや》を目指す。本当の仏教も、これから作らなきゃいけないと思います。

どこかの宗派に頼っていたら、とんでもないことになります。みんなで一緒に世界の大和国家を楽しく作りましょう。みんなで手を携えて、楽しくやりましょう。

明治以降、日本は乗っ取られ、現在の日本は、欧米一神教の植民地支配下！

日本人虐殺・殲滅・日本略奪が彼ら闇組織の目的です。これに向かって、今の政治家も全てのシステムも動いています。自衛隊も例外ではありません。彼らに逆らう人はいません。しかし、自衛隊員の中には、そうではない人もたくさんいると思います。警察官の中にもいると思います。でも、中国の手先になっているのも大勢います。アメリカの手先になっている者もたくさんいます。

現在の日本政府は、全て彼らの手先です。本当に残った日本人は今、8割を切ったのではないでしょうか？　7割5分ぐらいでしょう。

私たちの国です。私たちの土地です。日本に生きている日本人は、自分の力で彼らを追放しましょう。

なぜ外国人を入れるのでしょうか？　入れる必要はありません。少子高齢化は全部プロパガンダです。皇紀２７００年を奉祝できるようにしましょう。

現在の政府に期待しない

今の政府は、インボイスなど日本人の想像もつかないことをしようとしている。インボイスと言って理解できる人がどれだけいるでしょうか？　ごまかしています。

消費税の免除をなくし、皆から消費税を取ります、とはっきり言えば良いことです。インボイス制度によって、途中でマージンを稼ぐヤツはいっぱいいます。稼ぐのは朝鮮人という仕組みになっています。

現在の政府に期待できないわけですから、期待してはいけません。
自民党の中にも、こういう内向きの話題に乗ってくる議員がいるかもしれないと思うかもしれませんが、そんな者はいません。

自己防衛、近隣の仲間との協力体制づくりとして日防隊を編成する。隊長、副隊長、分隊長、副分隊長という形で、能力に応じて役割分担する。小学生でも分隊員になれます。ただし、緊急事態発生のその時は携帯も繋がりませんから、歩いたり自転車に乗って自分の分隊まで行けないとまずいです。
家をお互いに知り合う必要がある。だから、日曜のたびに集まって、ピクニックじゃないけれど、互いに連絡を取り合って、食料を分け合う。

モットーは、1人にならない。1人にさせない。弱い者を見捨てないで、みんなで守る。これが日本人の強みです。弱い者を守ろうとした時に、集団の生存能力、サバイバル率がぐっと上がるのです。

敵の考えは違う。弱い者は捨ててどんどん殺してしまえ、足手まといだという考えです。

成田悠輔というイェール大学助教が、マスコミに取り上げられていますね。日本の年寄りは集団自決して欲しいと言っている。あんなのを堂々とテレビで流すこと自体、おかしいと思いませんか？

24時間、状況によっては集団で動いて、警備員も配置する必要があります。単独行動はダメです。必ず3人1組です。

今から50年ほど前に、二度のオイルショックがありました。トイレットペーパー騒ぎになりましたが、紙がなくなっても日本人は大人しかった。食料略奪ということはありませんでした。

3・11の時も、どんなにひもじくて、寒くても、並んできちんと待っているじゃないですか？　これができるのは日本人だけです。

小さくてもみんなで粛々と分け合って待つことができる。しかし今、外国人がこれだけ入って来ています。日本人が待っている間に、勝手に殴り込みをかけて持って行きます。それを小さいうちに実力で抑えなければいけない。

相手が1人だったら5人ぐらいで抑えて、必ず逮捕・拘束する。現行犯で逮捕できます。完全に拘束して、しっかりした司法警察官に渡す。

今は警察官も信用できません。犯罪者を総理大臣の命令で釈放しています。具体的な例を挙げると、2022年10月、池袋の中国人のチャイニーズドラゴン連中が出所祝いで大乱闘になった事件で、5人逮捕しました。全員、無罪放免です。それが今の日本の司法の現状です。

「痛いから拘束を緩めて」、「お腹すいたから、紐を解いて」、「ちょっとトイレに行きたい」と言われても、拘束を解いてはダメです。

昔、「カチカチ山」という絵本がありました。畑を荒らすタヌキを捕まえて、吊るし上げて、タヌキ汁にしようと思ったら、タヌキが「紐が痛い。ちょっとだけ緩めてください」とあまりに言うので、おばあちゃんがちょっと紐を緩めたら、あっという間におばあちゃんを殺して逃げていく。同じことが起こりますから、絶対に釈放してはいけない。情状酌量で不用意に拘束を解くと、今度は我々全員が危険になります。食べ物が全て奪われます。

他国からの攻撃に備え、国民による自警団を整備しなくてはいけない！

政権を日本人に取り戻さなければいけない。それは危険だ、といろいろなプロパガンダが騒ぎます。「米軍が出ていったら、たちまち朝鮮人が来る、中国人が来る」と言います。

来るなら来てみろ！　戦うよ！　という覚悟で立たないとダメです。そうすれば、簡単には来られません。

他国からの攻撃に備えることが必要です。国民による自警団を整備しなければいけない。

難民を入れてはいけないのです。政治犯で、自国にいると殺される者は人道上で救うことがあります。ベトナム戦争が終わったときに、南ベトナムから大量の難民が来たけれど、当時の日本は、収容所の小さい所に入れておいたのち、すぐに帰国させました。

それは、政治難民でも亡命者でもないからです。生活難民を受け入れていたら、国が潰れてしまいます。ところが今の政権は違います。どんどん入れて、カネを渡しています。

ウクライナ戦争が始まった時に、日本の政府専用機が行って、何百人かウクライナ人を連れてきました。そのうちの17人のウクライナ人は翌日、カネだけ握って飛び出しました。

それについて私は法務省に電話をかけました。

「ウクライナから連れてきて助けるのだったら、ロシア人も助けろ！　パレスチナ人、シリア難民をなぜ助けないのか？　ウクライナ人だけ助けて、現金を渡して、なぜ17人がすぐいなくなってしまうのか？」とね。

担当者は絶句していました。

「なぜあなたはそれを知っているんだ？」と言うので、

「あなたの仲間がリークしなければ知るわけがないでしょう？」と言いました。

その後、10分ぐらい待ったでしょうか。

「これ以上話すことはない」と言われました。

スパイを入れているのです。犯罪者を堂々と政府専用機で運んでいる。これが今の日本です。これを元に戻さなければいけない。

都市圏の国民の疎開先を準備します！

イスラエルがイランに核ミサイルを撃ったら、都市部は餓死します。疎開先としてまず大事なのは、飲み水が確保できるところであることです。次に穴を掘ってトイレができるようにする。都心部ではトイレ用の穴を掘ることができません。水洗トイレは、水道が止まると詰まる。不衛生になって、ペストのような病気が流行します。

私は阪神・淡路大震災のときに行って経験しています。飲み水が確保できて、穴を掘ってトイレが作れるだけでなく、食料があるところを確保するために今、何カ所か疎開先を準備しています。日防隊と活動を共にできる方はご連絡ください。

私たちは、まず弱い人から優先して疎開する場所を決めておく必要がある。勃発してからでは争奪戦になって動けません。今のうちに決めて手を打っていただきたい。私はそのお手伝いをしますので、連絡して欲しいと思います。

生き残るため、疎開先を決める!

生き残るため、疎開先を決めて集団で衣食住を確保する。警護、警備できて安全な環境(地形)で、日本人らしく、大和心と武士道精神で、地域ごとにそれぞれの日防隊を組織していただきたい。日本には軍隊がありませんので、自分たちで日防隊をつくる必要がある。

自衛隊は軍隊ではないので、外国に行っても、警察犬としてしかその力を発揮していません。警察犬というのは、これとこれはしても良い、あとは一切ダメですよ、と言われる。

軍は違います。人道に違反し、戦争犯罪につながる虐待、現場での盗み以外は、国を守るために何をやっても良い。それが軍人です。

しかし、その教育を受けていない今の自衛隊のトップには、国を守るという意識も感覚もない。だから「イラク戦争のときに頑張れなくて困った」とか「世界からの評価がない」とか。私に言わせれば、何をとぼけた？　と思うのです。とても軍人としての発言ではない。

ポチとして使われて、活躍できなかったと言っているようなものです。私は、そういう統幕議長とか海幕長、陸幕長に「恥を知りなさい！」と言いたい。

もちろん、そうではない、ちゃんと分かっている自衛官はたくさんいると思います。

そういう人にこそ日防隊に来ていただきたいと思います。

なお、日防隊の活動拠点は、2023年11月1日に駒込から新橋に変わりました。電話番号も変わっています。

日本人が知らない国内危険勢力情報

最後に、日本人が知らない国内危険勢力の情報を少し申し上げたいと思います。

レインボーブリッジというNGOがあります。NGOというのは、ノン・ガバメント・オーガナイゼーションといって、国連でそれぞれの立場を表明できる、国ではない人たちがいます。最初に利用したのは創価学会です。この人たちが世界に手を回していきました。

北朝鮮に対する支援を名目につくられたNGOであり、日本で活動しています。初代代表は、東大法学部を卒業した後、研究室に残って、学習院大学の講師、助教授、教授、名誉教授になりました。学習院というのは、日本のスメラミコト、あるいはその貴族を育てているところです。これが全部、朝鮮人になってしまった。

僕はそこの教壇に立った人から直接聞いて驚きました。

その人は創価学会員で、もちろん、向こう側の人で宮家に繋がっている人です。

超反日の朝鮮人、福島瑞穂が堂々と教壇に立って、「学習院の高校生の修学旅行は海外旅行です。2カ所のどちらかを選んでください」と言ったのです。

1カ所は韓国に行って慰安婦像の前で土下座してくる。もう一つは、でっち上げの南京大虐殺記念館に行って、日本の悪逆非道を謝ってくる。今の学習院は、そういうことを教え伝えているのです。

今の秋篠宮眞子様、佳子内親王は、ＩＣＵ（国際基督教大学）に行っています。欧米文化の背景になっているキリスト教原点の大学に行っているのです。既に日本人ではありません。

今年（２０２４年）は皇紀２６８４年。後16年で、皇紀２７００年という大きな節目を迎えます。

そこで、私たちは國體（国の在り方）をきちんと明確にしていきたいと思います。皇《スメラミコト》を示す三種の神器はちゃんとあります。これを中心に、本来の長き良き伝統文化を示した見事な日本国をつくるために生きたい。このように思っております。

（了）

石濱哲信　いしはま　てつのぶ
（一社）日本安全対策推進機構代表理事、元祖日本保守党党首
1951年、茨城県生まれ。高校卒業後、「飛行機乗りは危険だから絶対にダメ」という母親に内緒で自衛隊の航空学生を受験し、海上自衛隊に入隊。「空を飛びたい」という好奇心でパイロットに。対潜哨戒機の機長として勤務を始めた頃、ソ連軍に日本の安全保障が脅かされている現状を知り、国防の重要性を強く認識。退職後の2015年、中華人民共和国（中共）の李鵬首相が1994年に「後20年もすれば、地上から日本人は消えてなくなる」という趣旨の発言を紹介した小冊子を見て衝撃を受ける。その後、日本を取り巻く安全保障を時系列で振り返り、李鵬首相の言葉が現実であると認識し、“日本人抹殺計画が進んでいる”ということに気づく。そして、自ら声を上げることを決意し、現在に至る。

本書は2023年10月23日(月)、東京神楽坂の「イッテル珈琲」にて、「生き残るための勉強会／ハマス・イスラエルの戦争は一神教の業／第三次世界大戦へ」をテーマに収録された音源を文字化したものです。

見えない戦争で沈黙の兵器に敗戦する日本の絶体絶命！

大惨事世界大変

第一刷　2024年8月31日

著者　石濱哲信（日本安全対策推進機構代表）

発行人　石井健資

発行所　株式会社ヒカルランド
〒162-0821　東京都新宿区津久戸町3-11　TH1ビル6F
電話　03-6265-0852　ファックス　03-6265-0853
http://www.hikaruland.co.jp　info@hikaruland.co.jp

振替　00180-8-496587

本文・カバー・製本　中央精版印刷株式会社

DTP　株式会社キャップス

ISBN978-4-86742-323-3

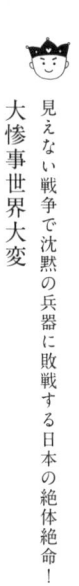

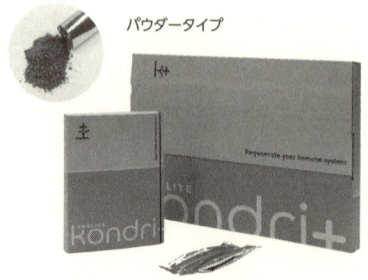

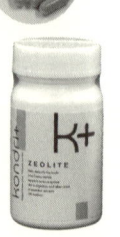

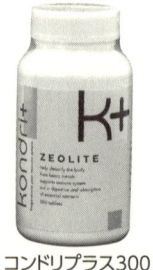

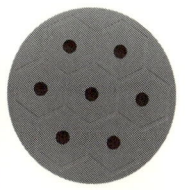

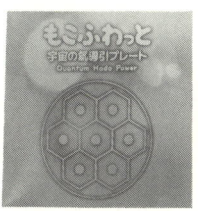

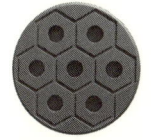

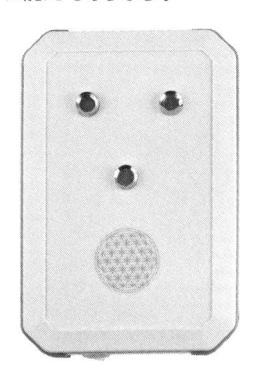

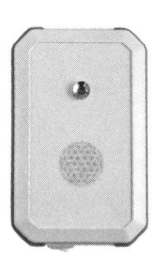

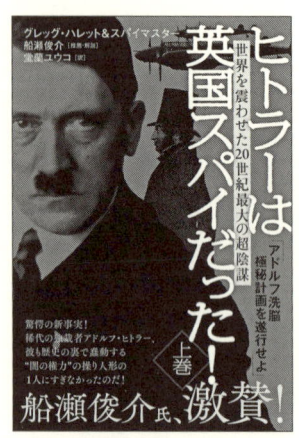

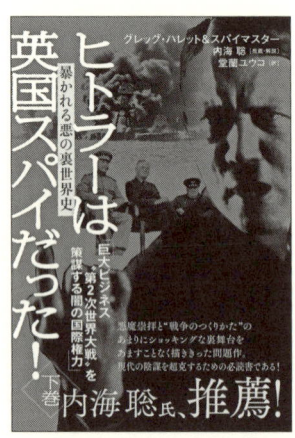

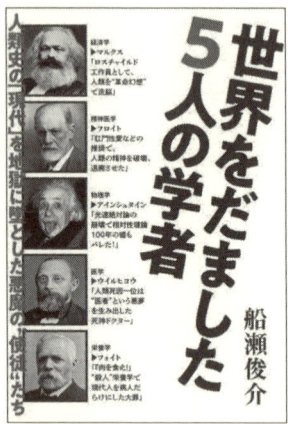

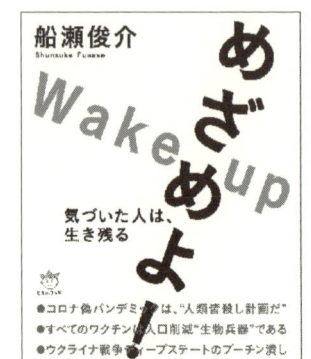

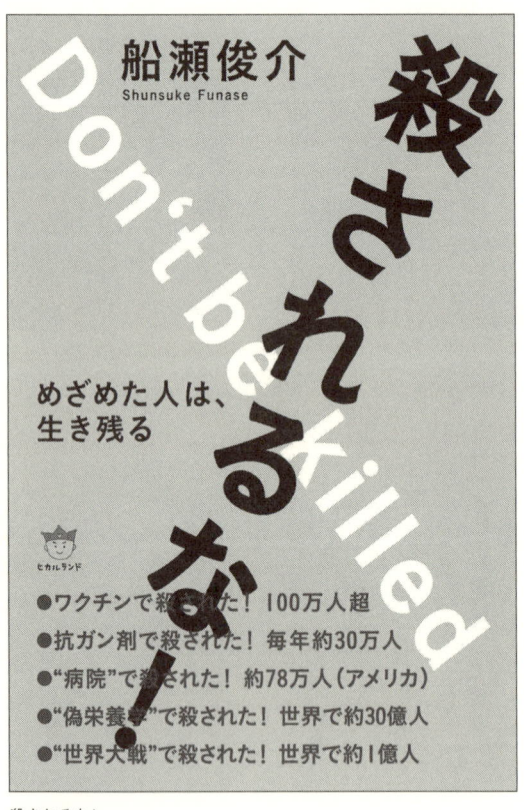

ヒカルランド　好評既刊！

地上の星☆ヒカルランド　銀河より届く愛と叡智の宅配便

日本国家は終了しました！
著者：細川博司／並河俊夫／坂の上零
四六ソフト　本体2,000円+税

ヒカルランド　好評既刊！

地上の星☆ヒカルランド　銀河より届く愛と叡智の宅配便

第二次世界大戦の真実
著者：笹原 俊
四六ソフト　本体2,000円+税